Decoración y exposición de platos. HOTR0002

Manuel Astorga Murillo
María Nieves Jiménez Romero
Carmen María Solís Lara

ic editorial

Decoración y exposición de platos. HOTR0002
© Manuel Astorga Murillo
© Maria Nieves Jiménez Romero
© Carmen María Solís Lara

1ª Edición

© IC Editorial, 2024

Editado por: IC Editorial
c/ Cueva de Viera, 2, Local 3
Centro Negocios CADI
29200 Antequera (Málaga)
Teléfono: 952 70 60 04
Fax: 952 84 55 03
Correo electrónico: iceditorial@iceditorial.com
Internet: www.iceditorial.com

ISBN: 978-84-1184-285-3
Depósito Legal: MA 23-2024

Impresión: PODiPrint
Impreso en Andalucía – España

Nota de la editorial: IC Editorial pertenece a Innovación y Cualificación S. L.

Especialidad formativa

Se entiende por especialidad formativa la agrupación de contenidos, competencias profesionales y especificaciones técnicas que responde a un conjunto de actividades de trabajo enmarcadas en una fase del proceso de producción y con funciones afines.

Las especialidades formativas de Uso General, Formación Complementaria, Formación Modular y las especialidades formativas dirigidas a la obtención de certificados de profesionalidad se incluyen en el Fichero de Especialidades del Servicio Público de Empleo Estatal para su gestión en todo el territorio nacional por cualquier Administración competente.

Las especialidades complementarias, pertenecen todas a la Familia profesional de Formación Complementaria (FCO) y tienen la consideración de formación transversal en áreas que se consideran prioritarias tanto en el marco de la Estrategia Europea para el Empleo y del Sistema Nacional de Empleo como en las directrices establecidas por la Unión Europea. Se consideran áreas prioritarias las relativas a tecnologías de la información y la comunicación, la prevención de riesgos laborales, la sensibilización en medio ambiente, la promoción de la igualdad, la orientación profesional y aquellas otras que se establezcan por la Administración competente.

Las especialidades de Certificado de profesionalidad tienen una duración especificada en su normativa reguladora.

En el resultado de la búsqueda, se muestran las unidades de competencia, todos los módulos formativos con su duración y las unidades formativas del certificado correspondiente, con su duración. Las horas del certificado, exclusivo de las especialidades de certificado de profesionalidad, con alta igual o superior a 2008, son las horas totales más las horas del módulo de Prácticas Profesionales no Laborales.

➲ **Si la especialidad tiene unidades formativas,** las horas totales, presencial, distancia, teleformación serán igual a la suma de esas horas de las unidades formativas de los distintos módulos, sin que se repita ninguna Unidad formativa.

➲ **Si la especialidad no tiene unidades formativas,** las horas totales, presencial, distancia, teleformación serán igual a las sumas de esas horas de los módulos formativos, eliminando las horas de los módulos repetidos.

https://sede.sepe.gob.es/especialidadesformativas/RXBuscadorEFRED/BusquedaEspecialidades.do

(Fuente: Servicio Público de Empleo Estatal)

Índice

OBJETIVOS GENERALES

Los objetivos generales del **HOTR0002. Decoración y exposición de platos,** son los siguientes:

- ⮞ Diseñar y realizar decoraciones para todo tipo de elaboraciones culinarias, aplicando las técnicas gráficas y de decoración adecuadas.
- ⮞ Dar a conocer los principios de estudio en torno a la presentación de una elaboración culinaria.
- ⮞ Desarrollar un acabado adecuado para distintas elaboraciones culinarias.
- ⮞ Aplicar técnicas de presentación y decoración de platos considerando la tipología de los productos.

Presentación de platos

Contenido

Objetivos

El objetivo general de esta Unidad de Aprendizaje es:

→ Dar a conocer los principios de estudio en torno a la presentación de una elaboración culinaria.

Los objetivos específicos de esta Unidad de Aprendizaje son:

→ Elegir o idear formas y motivos de decoración, aplicando la creatividad e imaginación.

→ Enunciar los aspectos que influyen en la aceptación de un plato o elaboración culinaria.

→ Relacionar tipo de vajilla con las necesidades de montaje y decoración.

1. Introducción

Desde el tiempo de los romanos, con su gusto por los excesos y el lujo, se empezaron a presentar los platos de formas a cual más original, y se valoraba el mérito de un cocinero por su capacidad de **impresionar a los comensales.** Se habla de banquetes en los que se servía un cisne, dentro del cual, una vez abierto, venía un ganso, que, a su vez, al abrirlo, dejaba escapar pájaros vivos que aleteaban entre los asistentes, asombrados.

Hoy en día no se estilan estos excesos y la **decoración** tiende a ser lo más **sencilla y elegante** posible, huyendo de barroquismos.

Básicamente, hay que dejarse llevar por la intuición y el buen gusto. Existen innumerables formas de presentación, que deberán respetar o tener en cuenta tres normas o **reglas básicas:**

➲ La **guarnición** no debe ser superior a la cantidad y volumen del género principal.
➲ Los **ingredientes** que formen el plato deben ser comestibles, no se deben poner elementos de naturaleza no comestible.
➲ Las **salsas** deben permitir la visión del género principal. Hay que tener en cuenta que sirven para acompañar y no para tapar el producto. El glaseado y el gratinado son excepciones.

La cocina de autor, la *nouvelle cuisine* y las nuevas corrientes que hoy día ofrece el mercado de la restauración hacen que estas reglas entren en conflicto, pues para estas nuevas corrientes no hay reglas, se rompen los esquemas y cada autor difiere en los procedimientos.

La cocina actual ha logrado un gran nivel, tanto en lo que respecta a las técnicas como en los materiales que se emplean en ella, haciendo que a casi nadie le sorprenden términos como **cocina al vacío, nitrógeno, confitar, esferificación, baja temperatura,** *agar-agar,* etc.

Pero nunca se debe olvidar la cocina tradicional, las recetas con solera de todas las regiones, que se han ido conservando a lo largo del tiempo, pasando de generación en generación, que también sirven como base a las elaboraciones más creativas.

La cocina es valorada tanto por su elaboración como por la presentación que plasman en sus platos los profesionales, teniendo la tarea de conseguir ese objetivo.

Para poder entender de una forma más práctica los aspectos relacionados con la presentación y decoración de los platos, nos basaremos en los casos que se producen en el restaurante Lienzo, cuya cocina está continuamente modificando e introduciendo elaboraciones nuevas.

2. Importancia del contenido del plato y su presentación

 HILO CONDUCTOR

Lucía, jefa de cocina del restaurante Lienzo, va a introducir dos nuevos platos a la carta del establecimiento. Como se trata de dos elaboraciones de la cocina tradicional de la zona, decide que va a presentarlos de una forma moderna y actual, para así fusionar el sabor tradicional con una presentación innovadora que sorprenda al comensal.

Uno de esos platos es una sopa de cebolla, la cual, en lugar de presentar todos los elementos de la sopa en un cuenco o plato como se haría de forma clásica, decide colocar los elementos sólidos en el fondo de un plato sopero, es decir, la cebolla confitada, los costrones de pan, el queso rallado y los taquitos de jamón curado; y el elemento líquido, es decir, el caldo, lo servirán los camareros en la sala con la ayuda de una jarrita una vez que se coloque el plato ante el comensal.

La **presentación de una elaboración** depende tanto de los alimentos presentados como de la vajilla de presentación. En lo que respecta a la presentación, se debe dirigir a **crear algo llamativo para el cliente,** evitando que pase desapercibido y, a la vez, que presente un contraste de aromas, sabores y colores, intentando **despertar la curiosidad** del comensal y que le haga tener, aun sin probarlo, una respuesta emocional satisfactoria. Es decir, el contenido del plato tiene que llamar la atención del cliente para que sienta la necesidad de probarlo y degustarlo. Esto se conseguirá siguiendo algunas normas para la presentación y decoración de platos y elaboraciones, que se verán en los apartados posteriores.

Además de seguir dichas normas a la hora de presentar los platos, se debe cuidar la confección del menú, teniendo en cuenta aspectos como los siguientes:

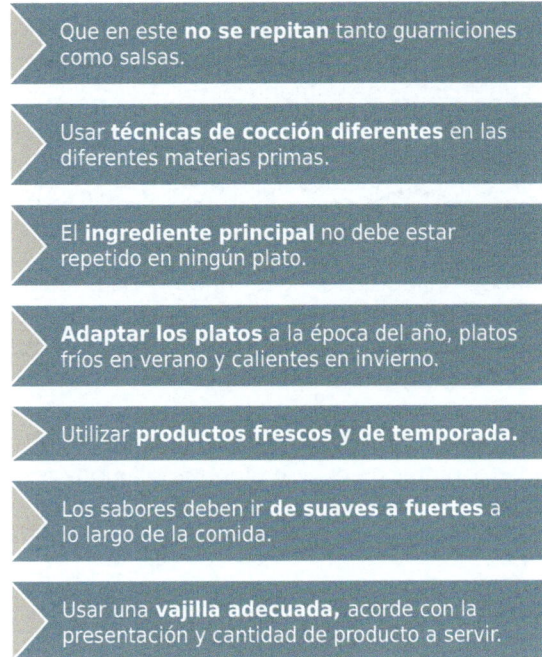

Que en este **no se repitan** tanto guarniciones como salsas.

Usar **técnicas de cocción diferentes** en las diferentes materias primas.

El **ingrediente principal** no debe estar repetido en ningún plato.

Adaptar los platos a la época del año, platos fríos en verano y calientes en invierno.

Utilizar **productos frescos y de temporada.**

Los sabores deben ir **de suaves a fuertes** a lo largo de la comida.

Usar una **vajilla adecuada,** acorde con la presentación y cantidad de producto a servir.

3. El apetito y el aspecto del plato

👉 HILO CONDUCTOR

Al acceder al restaurante Lienzo se observa un bodegón en el que se ven distintas piezas de pan recién horneadas. Con ello se pretende despertar el apetito a los comensales, además de mostrar la dedicación que el personal tiene hacia al servicio que ofrecen.

Comer *es un placer,* pero además es un acto necesario para la vida. El apetito hace elegir inconscientemente los alimentos que se necesitan, según el déficit de ellos; se eligen proteínas, grasas o hidratos de carbono, dependiendo de su necesidad; al igual que, una vez saciado el apetito, **el estómago manda señales** al cerebro para indicar que ya está lleno. El olor a comida o el simple hecho de ver a una persona comer pueden abrir el apetito, lo mismo que al hacer un deporte muy prolongado y de esfuerzo, que hace que el apetito se abra para ingerir las calorías perdidas en su realización.

Por ello, a la hora de sentarse a la mesa hay que elegir los platos pensando en la cantidad de alimentos que contienen, porque es perjudicial tanto el exceso como el déficit en nutrientes.

Como es sabido, **el organismo regula la función del apetito,** por ello a la hora de presentar un plato se debe dotar de las cantidades necesarias, ya que un plato con mucho contenido es poco atractivo.

Pero, hablando del apetito en gastronomía, se puede afirmar que un **plato con agradable presencia** y equilibrio en su composición despierta en el comensal una sensación de aventura, llegando a despertar las papilas gustativas e **invita a degustarlo** rápidamente, a la vez que estimula el apetito.

La presentación de los alimentos de una manera atractiva ante el comensal, despierta todo interés en él. Son muchos los motivos por los cuales se despierta el apetito, destacando:

Motivo visual
- La sola presencia de un alimento con agradable vistosidad es motivo suficiente.

Motivo olfativo
- Otra de las maneras por la que los alimentos transmiten sus propiedades organolépticas es el olor. Se puede percibir a cierta distancia, tanto el de agrado como el de rechazo. Si un alimento transmite un olor agradable, este puede ser uno de los motivos que despierte el apetito. Por contra, la sola presencia en un plato de algo que produzca rechazo hace que el apetito disminuya.

Por todo ello, a la hora del emplatado se deben seguir las normas y **cuidar todos los detalles,** repasando con la vista todos los platos que salgan para su consumo, para que, a la hora que llegue en presencia del cliente, le agrade su buena cualidad organoléptica y su presentación.

En conclusión, con **un plato bien elaborado,** en el que se logran unas cualidades organolépticas bien conseguidas, **servido** además en un **recipiente apropiado** y realizado **respetando las normas** que requiere en cuanto a temperaturas, limpieza a la visión y las cantidades apropiadas, más una **decoración acorde y sencilla, se estimulará al comensal.**

 **VÍDEO**

Accede al siguiente enlace en el que podrás visualizar técnicas de realidad aumentada y virtual que permiten ofrecer una experiencia gastronómica única.

https://redirectoronline.com/hotr00020101

4. Evolución en la presentación de platos. La presentación clásica y la moderna

👉 **HILO CONDUCTOR**

Esta semana en el restaurante Lienzo se va a homenajear a Alain Ducasse, por ello, las presentaciones de los platos ofrecidos mostrarán formas geométricas y depuradas, la inclusión de pequeñas tallas... Se espera que sea un éxito a la altura del gran chef.

La **cocina** y, como consecuencia, la presentación de las elaboraciones culinarias es considerada **un arte,** haciendo referencia a la creación de cada autor, impregnando las elaboraciones con un estilo propio o personal y caracterizando cada elaboración, pudiendo llegar a ser única.

Al igual que con la pintura, la escultura, la música, etc., la cocina se puede considerar un movimiento artístico, que está en continuo movimiento, destacando el cambio radical conocido como *nouvelle cuisine* que se produjo en los años 60 y 70, cuando los cocineros reinventaron las elaboraciones, prestando más atención al montaje y presentación de los platos, ofreciendo platos que "entraran por los ojos" y llamando la atención del comensal.

Al mismo tiempo, la presentación de los manjares se veía complementada con nuevos productos o ingredientes, que además gracias a las nuevas tecnologías, desarrollaban tratamientos culinarios diferentes, y modificaban aún más la elaboración final.

 **APLICACIÓN PRÁCTICA**

¿Sabrías clasificar en qué época marcaron tendencia los siguientes cocineros? Indica a qué década pertenece cada cocinero.

- **Tetsuya Wakuda**
- **Paul Bocuse**
- **Alain Ducasse**
- **Fernand Point**
- **Bernard Loiseau**

Solución

Tetsuya Wakuda pertenece a la década de los 2000, Paul Bocuse y Fernand Point a la década de 1970, Alain Ducasse a la década de 1980, y Bernard Loiseau a la década de 1990.

Aunque no son los únicos, son algunos de los más influyentes, acompañados en los años 70's de Auguste Escoffier, en los 80's por Roger Vergé, en los 90's por Pierre Gagnaire, etc.

Te presentamos la evolución por el último siglo en las presentaciones de platos:

⮑ **70´s:** como se ha mencionado, los años setenta han sido considerados como los años culminantes de estos cambios, con la aparición de gastrónomos consagrados, como fueron **Auguste Escoffier, Fernand Point y James Beard,** que más tarde complementarían cocineros como **Paul Bocuse, Michel Guerard** y **Pierre Troisgros,** entre otros, decantándose por la sencillez en la presentación de las elaboraciones, intentando realzar las presentaciones mediante la técnica de "dar altura a los platos", conseguida mediante crujientes, hierbas aromáticas, peinas, etc.

Elaboración culinaria en la que se busca dar altura a la presentación.

Otra técnica llevada a cabo a comienzos de esta época fue la introducción de moldes, moldeando las guarniciones como el arroz, en timbales, manguear el puré, tornear las verduras, etc.

○ **80´s:** ya entrados los años ochenta, con la incorporación de nuevos personajes como **Roger Vergé, Alain Ducasse,** etc., comenzaron a combinar sabores que hasta entonces eran desconocidos, inspirándose en montajes circulares, haciendo divisiones geométricas.

Sopa de espárragos presentada con formas geométricas

Al mismo tiempo, estos nuevos creadores elaboran platos que demandan un largo tiempo para su montaje, siendo platos de gran fineza, con formas depuradas. Cabe destacar la introducción de formas talladas o elaboradas a partir de verduras.

Tubérculo tallado para incluir como guarnición

Por otro lado y demostrando otro estilo complementario, se comienza a intentar transmitir altura a las elaboraciones, comenzando a centralizar los productos en el plato, buscando la creación de alturas, dando relieve y altura al plato.

➲ **90´s:** en los años noventa se produce una nueva revolución, dando más popularidad a los grandes cocineros, creando una industria paralela (comercialización de libros, aparición en televisión, etc.) que influye en el pensamiento del consumidor, permitiendo una nueva imagen de la nueva cocina, teniendo mejor acceso a tecnologías, técnicas y productos. En esta época surgen nuevos cocineros, que intentan dar una nueva revolución. Se pueden citar a **Thomas Keller, Pierre Gagnaire** y **Bernard Loiseau.**

Plato en el que se combinan distintas técnicas de elaboración.

Se produce la introducción de numerosas técnicas de cocción en un mismo plato o elaboración, buscando la pureza del ingrediente, eliminando salsas o natas que tapan o enmascaran el producto principal.

➲ **2000:** el cambio de siglo se relaciona con el comienzo de una nueva revolución, dejando atrás los protocolos establecidos, introduciendo la tecnología en la cocina, nuevos productos y conocimientos provenientes de oriente, con personajes como **Tetsuya Wakuda.**

La inclusión de nuevas técnicas como el vacío y la cocción a baja temperatura o la introducción de nuevos productos, son particularidades en esta nueva tendencia culinaria.

➲ **Actualidad:** en la actualidad la evolución es constante, surgiendo nuevos estilos e introduciéndose más tendencias, como la cocción lenta, esferificación, cocción al vacío, cocción en presión, atmósfera controlada, etc. Continúa la revolución propiciada por cocineros como Michel Bras y Ferran Adrià, sumándose otros como David Muñoz, Andoni Luís Aduriz o René Redzepi, estilando montajes donde las elaboraciones se centran en el medio y dejan más espacios para trazar líneas, puntos, etc., o montajes dispersos donde se aprecia con claridad la forma y técnica de cada ingrediente.

Elaboración presentada por Andoni Luis Aduriz, en la que se muestra la aplicación de nuevas técnicas de procesado, así como la inclusión de productos singulares.

Ejemplo de montaje disperso en el que se observan distintas técnicas de cocinado.

A continuación se muestran algunos ejemplos de la evolución a la que se han visto sometidas la presentación y elaboraciones culinarias:

➲ **Presentación clásica del plato:** en la presentación clásica, el producto se cocina y emplata sin ser sometido a minuciosas técnicas como el deshuesado o el desmigado. En el caso de incluir el corte o pieza hueso, suele ser incluido. Si la elaboración incluye salsa, se incorporará cubriendo total o parcialmente el producto a servir. La guarnición suele incorporarse a la izquierda de la elaboración principal.

Presentación clásica estofado de rabo de toro con patatas fritas.

➲ **Presentación moderna del plato:** en caso de optar por una presentación actual o moderna, son muchas las técnicas que pueden ser incluidas, cambiando texturas, sabores y formas de los productos utilizados. Las patatas pueden ser procesadas, presentándose como purés o cremas; la carne y/o el pescado pueden ser desmigados o cortados en pequeños dados, sometiéndose a glaseado o incluso ser utilizados como relleno o farsa de otra elaboración; el caldo, jugo o salsa puede ser texturizada, etc.

Presentación actual estofado de rabo de toro con puré de patata.

⊃ **Presentación moderna del plato con la ayuda de aros de acero inoxidable:** la misma elaboración se puede presentar en aros de acero inoxidable. Dichos aros se utilizan con frecuencia en la cocina actual, ya que su resultado hace que la presentación quede bien, tanto por la distribución del alimento en el plato, su limpieza visual y su altura. Debido a la variedad de tamaños de aros existentes, se puede elegir el que ofrezca un mejor resultado para su presentación.

El uso de aros ofrece líneas y formatos limpios en la presentación del elemento principal del plato, pudiendo complementarlo con el uso de elementos del guiso o estofado.

⊃ **Evolución en la presentación de la tortilla de patatas, obra de Ferrán Adrià:** la tortilla de patatas de siempre presenta una clara muestra de la evolución en la presentación y elaboración. Se compone de huevos, cebolla y patatas, y se puede servir de manera tradicional troceada, entera, en mitades y acompañada de cualquier tipo de salsa o guarnición. Gracias al cocinero y gran maestro innovador, Ferrán Adrià, en la cocina moderna se puede deconstruir y montar en una copa de cóctel o vaso apropiado. Para ello, en la base iría la cebolla caramelizada, en el centro de la copa las yemas de huevo en sabayón y se termina con una espuma de patata. Este es un claro ejemplo de la evolución en el montaje de platos.

Las sopas o cremas son servidas en la cocina clásica con ayuda de una sopera a la inglesa, o bien con un servicio rápido a la americana; mientras que en la cocina moderna se puede optar por servirla de una manera que al cliente le resulta más atractiva. Para ello, se usa un plato sopero de presentación y en el centro se pone la guarnición que, a la vez, será la decoración, la sopa o la crema la servirán los camareros en un decantador.

Servicio clásico

Servicio actual

5. Adecuación del plato al color, tamaño y forma de su recipiente

👉 **HILO CONDUCTOR**

La vajilla del restaurante lienzo es blanca, esto aporta limpieza, así como pureza resaltando el color propio del producto expuesto. No obstante, Lucía ha solicitado algunos platos nuevos con tonos oscuros para servir aquellos productos con tonalidades blancas, como los purés de patatas, virutas de frutos secos... o las cremas emulsionadas como: mayonesa o alioli.

Debido a la cantidad de opciones para el emplatado y a la cantidad de recipientes de todas **formas y tamaños,** a la hora de decantarse por un modelo u otro se debe tener en cuenta que tanto la forma como el color del plato vayan en consonancia con el alimento a presentar.

Un plato en que la **composición de los colores** sea la adecuada resulta agradable para la vista. Para ello, se tendrán que adecuar los colores tanto del plato como de los alimentos que lo componen, y lo que debe resaltar es el color de los alimentos, seguido por el color del soporte y después el del tipo de decoración. Como es sabido, el color es lo primero que se detecta y, debido a ello, los materiales que se utilicen para el emplatado se tendrán que tener previstos con ese detalle.

Los **tonos más apropiados** a la hora del emplatado no están definidos, destacando el blanco como color más versátil, donde las elaboraciones expuestas resaltarán con mayor claridad. Es de señalar que en la presentación actual en algunas ocasiones se suele utilizar el recipiente de pizarra, que, aunque es de color negro, la presentación de un alimento sobre este tipo de material y color es muy acertada, dependiendo del alimento emplatado.

En este caso, la presentación en un plato de pizarra es muy atractiva debido a los colores claros de las elaboraciones.

La **cocina minimalista** es la que incluye pequeñas cantidades de alimentos a la hora de su emplatado. Dicha ración se puede hacer en un recipiente de gran tamaño, pero a la vez su presentación la suelen hacer en muchos tipos de recipientes y tamaños, también se emplean cucharas de diferentes colores, tanto de acero como de plástico, para presentar pequeños aperitivos que se adecuan al tamaño.

En algunos restaurantes de alta cocina la **vajilla** que utilizan está **diseñada para uso exclusivo de sus preparaciones** culinarias.

Existen platos con formas y tamaños casi exclusivos para la presentación de raciones pequeñas o platos minimalistas.

Debido a las diferentes opciones, hay que elegir el recipiente con el material adecuado que facilite la presentación de los alimentos.

NOTA

Se debe evitar la utilización de demasiados colores en las guarniciones, que no enmascaren el propio color del alimento.

El **tamaño** de dicho recipiente deberá ser **proporcional a la cantidad de alimento** que va a contener, no pudiendo sobresalir este por los bordes del plato. Además, debe ser de un peso apropiado para que su transporte hasta la sala se haga sin dificultad, evitando que se descomponga el montaje inicial. También en el mercado existen gran cantidad de materiales de diseño de un solo uso, de recipientes individuales, que hacen que la presentación final sea muy acertada. Estos también podrán utilizarse en distintos tamaños para diferentes tipos de servicios.

A continuación, se desarrollan los aspectos sobre color, forma y tamaño que habrá que tener en cuenta a la hora de elegir el recipiente y de llevar a cabo la decoración y exposición de platos.

5.1. El color

Cuando se estudia la teoría del color, se ve la división que existe entre **colores fríos y calientes.** Entre los colores **cálidos están el rojo, el naranja o el amarillo,** y entre los **fríos el azul y el verde.** Cierto es que para decoración o ambientación estos colores sí que **transmiten sensaciones cálidas o frías** respectivamente, pero al trasladar los colores a la cocina las percepciones cambian considerablemente: los colores rojo, naranja o amarillo se asocian a elaboraciones frías como gazpachos, frutas, zumos, helados o refrescos, y las tonalidades frías se asocian a elaboraciones de verduras, sobre todo calientes y, en algunos casos, a ensaladas, pero combinadas con rojos y amarillos. Se trata en cualquier caso de apreciaciones subjetivas, ya que se asocian los colores con elaboraciones que se conocen. Además, ciertos colores advierten de peligros y provocan reacciones de rechazo en nuestro subconsciente.

En la cocina el color tiene un papel distinto que en la ambientación y en la decoración, pero se pueden utilizar los colores para realizar combinaciones atractivas, **mezclando colores** de distintas gamas para crear contrastes y sobre todo para realzar estados de ánimo, por lo que es recomendable la presencia de colores cálidos y de fuerte contraste en los bufets. Solo hay que recordar que los puestos de alimentación más atractivos son siempre las fruterías.

El **color es una característica intrínseca de cada producto,** cada uno de ellos tiene un color o gama de colores que los caracterizan, debiendo buscar que los productos sean fieles a ellos. Por eso, hay que tener cuidado con la utilización de colorantes en las comidas.

Círculo cromático a partir del cual podemos estudiar las sensaciones que los colores pueden provocar.

Por otro lado, en la naturaleza existen una serie de estímulos en forma de colores que sirven de defensa frente a elementos tóxicos o en mal estado. La combinación de colores muy llamativos como el rojo y negro o amarillo y negro suelen ser inequívocas señales de algo tóxico, desagradable o peligroso.

El rechazo de los niños por muchas verduras está basado en el rechazo innato que les provoca el color verde, siendo este color síntoma de descomposición y de la aparición de mohos, por lo que su instinto les dice que no lo coman.

5.2. La forma y el tamaño

El plato tiene gran importancia a la hora del emplatado, **el contenido deberá estar dispuesto acorde o con relación a la forma** que se percibe y de la superficie que lo contiene.

Los platos pueden tener cuatro formas básicas: redondos, cuadrados, rectangulares y triangulares. Los triangulares no tienen formas puras, sino que sus aristas y ángulos son ligeramente curvados, mientras que los rectangulares y cuadrados sí mantienen esas formas. Entonces, a la hora de disponer los alimentos en ellos se pueden agrupar en dos grupos, el de formas suaves, formando por los platos redondos y triangulares, y el de las formas duras, constituido por platos rectangulares y cuadrados:

⊃ **Formas duras:** en los platos con formas duras (cuadrados y rectangulares) se integran mejor las líneas rectas, siempre en paralelo con aquellas que delimitan los bordes.

Los platos cuadrados y rectangulares con formas más duras se integran mejor con las líneas rectas.

◐ **Formas curvas:** en los platos con formas curvas (redondos y triangulares) se actuará realizando líneas curvas en el mismo sentido que la forma perimetral, dando sensación de armonía integradora.

Los platos redondos y triangulares se integran mejor con las líneas curvas.

Hay que destacar que no existen reglas, sino pautas a seguir en la creación, presentación y decoración de un plato.

Ejemplos de presentaciones

En la presentación de un plato se puede jugar con diferentes factores (el colorido, las diferentes texturas, el sabor, el tamaño y color del recipiente a utilizar para el emplatado). A continuación, se muestra un ejemplo del proceso de elaboración y presentación de un plato en el que se combinan diferentes colores y texturas:

A continuación, se propone la elaboración y decoración de un plato con los siguientes ingredientes:

Ingredientes
- Suprema de salmón
- Carabineros
- Guisantes
- Aceite de oliva
- Sal
- Pimienta
- Salsa americana
- Reducción de vino tinto

Las preparaciones serán las siguientes:

Salsa americana

- **Ingredientes:** mantequilla, cebolla, zanahorias, puerro, tomates, ñoras, cabezas de carabineros (o de cualquier otro crustáceo), *brandy,* vino blanco, *fumet,* nata y sal.
- **Elaboración:** se rehogan las verduras con la mantequilla por este orden: cebollas, zanahorias, puerros, ñoras, tomates. Cuando las verduras estén bien rehogadas, se añaden las cabezas de los carabineros, a continuación se flambean con el *brandy,* se incorpora el vino y se deja reducir, se añade el *fumet,* cocinamos, ponemos a punto de sal, trituramos y pasamos por un chino. Lo volvemos a poner al fuego, dejamos reducir hasta conseguir la consistencia deseada, incorporando un poco de nata.

Reducción de vino tinto

- **Ingredientes:** vino tinto y azúcar.
- **Elaboración:** ponemos el vino junto al azúcar en un cazo al fuego, dejamos reducir y, cuando tenga la consistencia adecuada para tirar un cordón y que no se expanda, lo retiramos del fuego y enfriamos.

Puré y crujiente de guisantes

- **Crema de guisantes:** cocemos los guisantes (reservamos unos cuantos para la guarnición) y una vez cocinados trituramos parte de ellos con un poco de agua de la cocción, levantamos y ponemos a punto de sal y pimienta.
- **Crujiente:** a la otra parte de los guisantes triturados le incorporamos un poco de miga de pan y volvemos a triturar, extendemos sobre papel siliconado y secamos al horno a 70 °C.

Salmón y carabineros

- Marcamos la suprema de salmón y los carabineros en una sartén antiadherente, salpimentamos, terminamos la cocción en el horno a calor mixto.

Emplatado y presentación

- Pintamos con una brocha una línea de puré de guisantes en el plato de presentación, hacemos una lágrima con la salsa americana, colocamos en el centro la suprema de salmón. Sobre un costado del salmón apoyamos el carabinero y los guisantes salteados. Colocamos un cordón de reducción de vino tinto. Por último, colocamos el crujiente de guisantes.

VÍDEO

Puedes visualizar el siguiente vídeo en el que se llevan a cabo una serie de montajes haciendo uso de una metodología actual e innovadora.

https://redirectoronline.com/hotr00020102

6. El montaje

👉 HILO CONDUCTOR

Para un evento que se va a celebrar en el restaurante Lienzo, se va a ofrecer un almuerzo con servicio de bufé en el que cada comensal podrá elegir los platos que desee. Por ello, se lleva a cabo una decoración muy cuidada de las fuentes y bandejas que contienen las elaboraciones, intentando llamar la atención de los clientes y utilizando elementos de decoración para dar vistosidad, como panes con formas diversas, motivos florales, frutas y verduras talladas.

El bufé es otra de las modalidades a optar para cubrir la oferta de un establecimiento de hostelería, teniendo una gran aceptación dada su vistosidad. Dicha modalidad de servicio se caracteriza por presentar una afanada decoración, en la que no solo está presente el contenido de un plato o platos, sino también, la correcta combinación con otros.

Hoy en día, la **presentación de los platos** en los servicios tipo **bufé** ha evolucionado mucho. Los hay de **innumerables formas distintas.** Algunos incluyen la cocina temática, que consiste en ofrecer menús de un variado número de países, lo que se muestra como una manera de atraer clientes, ya que por su variedad son atractivos, puesto que gusta probar comidas de diferentes culturas.

Hay muchas formas de presentar la comida en bufé, pero siempre se intentará llamar la atención del cliente dando una imagen de variedad y abundancia.

Una actividad que se suele incluir en los bufés es la cocina en vivo (*show cooking),* que presenta como ventaja que los clientes eligen los productos que van a consumir y los cocineros que prestan el servicio los cocinan en presencia del cliente. De este modo, el cliente elige el producto y comprueba el buen estado y la calidad de los alimentos, por lo que, a la vez que vistoso, es un buen método de ofertar los alimentos que lo componen.

 ## ACTIVIDAD COMPLEMENTARIA

1. Busca información sobre restaurantes, que por tu zona, ofrezcan el servicio *show cooking,* analizando las características de los productos ofrecidos y las presentaciones que llevan a cabo.

El **montaje** de un bufé se puede realizar de **multitud de formas,** pero siempre se debe elegir un diseño adaptado a su **buena funcionalidad** para el servicio que se ofrece. Es aconsejable colocar los alimentos guardando un orden: entrantes, pescados, carnes, postres. Asimismo, los materiales en que se presentan los alimentos deben ser los más apropiados y, dependiendo del tipo de alimento y su tamaño, habrá que decidirse por la opción más adecuada. Es bien sabido que en el servicio de bufé se **mantienen todos los productos a temperaturas óptimas,** ya que hay platos que tienen que aguantar el paso de varias horas. Para ello, es imprescindible tener la precaución de que el producto no se deteriore con el paso de dicho tiempo, pudiendo optar, por ejemplo, por cubrir las grandes piezas de pescado con gelatina, formando un áspic, lo que, a la vez de protegerlas, las hace más atractivas.

De igual manera, se puede optar por cubrir la pieza de pescado, una vez cocinada con una técnica acorde, con la salsa de su propia cocción, evitando así que el alimento pierda jugosidad. Del mismo modo, es posible preparar cualquier pieza de carne, por ejemplo el solomillo Wellington. A la hora de su presentación elegiremos un plato de buen tamaño o una fuente, pues la presentación en un recipiente adecuado hace que resalte todo tipo de preparaciones.

Otra manera de presentar los alimentos en el bufé es sobre grandes espejos. En ellos se pueden presentar tanto piezas enteras como cualquier tipo de alimentos, lo que favorece que los alimentos que se exponen en ellos sean muy vistosos, admitiendo además muchos tipos de decoración: vegetales, gelatinas, frutas, hierbas aromáticas, etc.

Para la presentación de elaboraciones en un bufé se pueden utilizar un gran número de recipientes diferentes, los cuales dependerán del tipo de elaboración y de las características del establecimiento.

NOTA

Dependiendo del tipo de bufé y de los alimentos que lo compongan, la elección de presentarlos en recipientes de buen tamaño, evitará tener que estar reponiendo constantemente.

7. Adornos, complementos y distintos productos comestibles

👉 **HILO CONDUCTOR**

El almuerzo con servicio de bufé organizado en el restaurante Lienzo ha sido todo un éxito. Los comensales destacan por encima de todo la calidad de los productos servidos, así como la decoración, destacando la calabaza y la sandía tallada que hay en el centro de la isla.

Los **alimentos que componen un bufé,** si están bien expuestos, son por sí solos un **motivo decorativo.** Existe una gran cantidad de adornos comestibles que se pueden incluir a la hora de emplatar los alimentos ofrecidos a los clientes en un bufé, pudiendo, además de suponer un motivo decorativo, ser incluidos en el plato que se va a servir. Cabe destacar la inclusión de **frutas talladas** (sandía, melón, mango, piña, etc.). La mayoría de estas frutas también pueden ser vaciadas y rellenadas del mismo producto o cualquier otro, lo que hace que den mucho juego y se muestren muy atrayentes. Asimismo, los cítricos, pelados en vivo y una vez sacados los gajos, pueden presentarse de diferentes formas, resultando muy vistosos.

Es muy común utilizar frutas y verduras talladas para la decoración del bufé.

La exposición o presentación de una oferta gastronómica en cualquiera de sus modalidades no solo persigue la aceptación por parte del comensal, sino que facilitar una composición que lo sorprenda debe ser una premisa siempre constante.

Aunque no siempre es posible, el adorno o complemento utilizado para la presentación de elaboraciones gastronómicas, debería ser comestible, en caso contrario, este debe ser aséptico, es decir, no debe propiciar la contaminación del alimento.

NOTA

El uso de colorantes y pinturas alimentarias permite presentaciones singulares y llamativas, aportando vistosidad al conjunto.

A continuación, se muestran algunos de los adornos, complementos y distintos productos comestibles utilizados en la presentación de las ofertas gastronómicas de un establecimiento:

Motivos florales	El pan	Masa muerta
Postres	Verduras	Chocolate	Caramelo

Motivos florales

Existe un gran número de flores que pueden utilizarse tanto como decoración como producto comestible: pensamientos, capuchinas, rosas y violetas, entre otras. Pueden acompañar al alimento en su presentación dando un aspecto muy vistoso. Son de cultivo ecológico y representan una buena alternativa a las flores exclusivamente decorativas. Nos aportan olor y color y, dependiendo de la variedad, diferente sabor. Dan juego en cocina, ya que con ellas es posible preparar tanto salsas, como mermeladas y postres.

Las flores no solo aportan gran vistosidad a la elaboración final, sino que también reflejan nuevos sabores, olores y texturas.

El pan

El pan es también un adorno recurrente. Su olor despierta los sentidos y, en sus diferentes formas, resulta muy atractivo. Una buena variedad expuesta en un bufé es por sí sola un motivo visual agradable, debido a la multitud de formas que se pueden emplear para su elaboración.

Entre las diferentes formas que podemos presentar, cabe destacar, por ejemplo, los redondos y roscas o los panecillos con aromas y sabores (frutos secos, pimentón, aceitunas, etc.).

El olor o aroma a pan recién hecho es una característica a contemplar.

Masa muerta

Con ella se pueden preparar diferentes motivos de decoración, como, por ejemplo, la canasta donde se va a exponer el pan para el servicio del bufé. Para su elaboración se requiere harina, azúcar, sal y agua. Una vez preparada, se pueden crear diferentes diseños en función de la presentación en su conjunto.

Postres

El postre, por sí solo ya es un elemento decorativo, presentando infinitas posibilidades en cuanto a formas, colores, texturas... Puede además ser acompañado en su presentación de elementos como *coulis,* caramelo soplado, nata y merengue, chocolate, frutos rojos, frutos secos laminados, en granillo o enteros, etc.

En el proceso de presentación de los postres juega un papel muy importante elementos como las mangas pasteleras y cornets, permitiendo además de la escritura o elaboración de finas líneas, hasta, con la ayuda de las mangas dotadas de boquilla, la realización de innumerables formas (hojas, pétalos, grecas, etc.).

 **DEFINICIÓN**

Coulis
Puré o salsa tamizada, generalmente de tomate o frutas, mezcladas con un edulcorante y una pequeña cantidad de zumo de limón.

Cornet
Cucurucho de papel antigraso que sirve como decorador.

Frutas y verduras

La variedad de colores, formas y tamaños que muestran las verduras hace que sean un elemento decorativo excepcional. Sus características permiten un uso y consumo directo, así como la aplicación de distintos cortes, tallas y la aplicación de técnicas de cocinado. Así, por ejemplo, un mismo producto puede ser utilizado como farsa, como recipiente para relleno o simplemente como elemento decorativo, formando parte de bodegones.

La berenjena es un ejemplo de producto utilizado como recipiente, como ingrediente de relleno o como producto incluido en los bodegones formando parte de la decoración.

Chocolate

El chocolate es uno de los elementos más utilizados en la decoración de productos de pastelería y postres. Puede presentarse como parte de la cubierta (polvo, ganaché, crema...) o como elemento decorativo, en forma de granillo, figura, peina, etc. Este alimento permite a su vez, mezclar distintas tonalidades, así como colorearse.

Caramelo

El caramelo como producto obtenido de la cocción del azúcar, permite la aplicación de distintas técnicas en su manejo. Destacan el estirado (satinado) y soplado, no obstante, sus características y técnicas de uso hacen que esté presente en forma de cubierta, más o menos líquido, y como crujiente en forma de peina o figura. Sus características facilitan su coloreado, así como su modelado.

 **RECUERDA**

Todos los elementos que componen el plato deben ser comestibles, lo mismo que la decoración que incluya.

7.1. Otros adornos y complementos

Son muchos los **adornos y complementos** que se pueden utilizar al montar un bufé. Su elección dependerá de la isla de bufé de la que se disponga, así como también del espacio adyacente.

Las islas, estructuras o mesas utilizadas para el montaje de bufé deben estar dotadas de elementos y dispositivos que garanticen los rangos de temperatura de los alimentos presentados, evitando su contaminación.

La **iluminación** a la hora del montaje tiene que estar enfocada a resaltar los alimentos que componen el bufé, pudiendo jugar con diferentes opciones de proyección sobre los alimentos o sobre la decoración que se quiera destacar.

Por lo que respecta al **agua,** son muchas las maneras en las que se puede utilizar como motivo decorativo en un bufé. Las fuentes con agua en movimiento, además de decorativas, aportan su sonido en el recinto del bufé, lo que resulta agradable. Asimismo, es posible resaltar dichas fuentes con un toque lumínico, pudiendo depositar pétalos de flores o cualquier otro motivo acorde en ella. También es posible montar un pequeño cauce de agua que circule a diferentes alturas por alguna zona del bufé.

NOTA

También es posible utilizar, según la zona, un tipo de decoración que vaya con el entorno, por ejemplo, en zonas costeras: redes, remos, pequeñas barcas, ánforas, etc.

Una presentación innovadora en el montaje y exposición de algunos platos que componen el bufé parten del uso de hielo seco, lo que contribuye a la conservación del frío y la generación de vapor (humo) por el contacto de este elemento con el agua, creando un efecto muy singular. A su vez, en las zonas donde la temperatura debe ser elevada, es posible integrar quemadores y sistemas de cocinado, que además de facilitar el mantenimiento de una temperatura elevada, hacen que la oferta del bufé pueda ser más variada. Ejemplo de ello es la integración en el bufé de una o varias *fondue* (para quesos, carnes...).

El uso de productos no perecederos es otra opción decorativa, siendo las especias un elemento a destacar, así como las pastas o cereales.

Zona de bufé destinada al servicio de infusiones.

Otros de los productos más comunes que suelen utilizarse para la decoración del bufé son:

- **Fuente de chocolate:** suele ser colocada en bufés de fiestas, pero no por ello deja de poder adaptarse a cualquier situación. La fruta que se dispensa para bañarla en chocolate debe estar pelada y troceada para facilitar su consumo.

- **Pastillaje:** el pastillaje es una técnica de decoración a base de azúcar, agua y gelatina. Su elaboración requiere destreza y tiempo, permitiendo la realización de todo tipo de formas y tamaños. Dicha elaboración permite a su vez el coloreado, lo que posibilita realzar las piezas en las que se integra.

Proceso de elaboración de rosas y lazos con pastillaje coloreado

- **Decoración con mantequilla:** es más adecuado y preciso decir decoraciones con margarina, pues es este el elemento empleado. Las propiedades de la margarina hacen que sean más apropiadas para la elaboración de figuras y pequeñas terminaciones. Estas decoraciones son empleadas tanto para elaboraciones dulces como saladas. Son rápidas en su confección, pero requieren técnica y un cuidado posterior durante su conservación.

La margarina es la principal materia prima asociada a esta técnica decorativa.

➲ **Hielo:** la talla en hielo es un buen motivo de decoración para un bufé, dada la infinidad de formas que se pueden conseguir, pero para su elaboración hay que contar con las herramientas apropiadas para ello.

 **TAREA 1**

El próximo sábado se va a celebrar en el restaurante Lienzo un banquete de boda que se llevará a cabo con servicio de bufé. Por ello, todos los platos y elaboraciones estarán montados de forma que el cliente pueda elegir y servirse aquello que desee.

Se trata de la boda de una pareja joven que vive en una zona costera y que son aficionados a la pesca y a los deportes de mar, y las elaboraciones que se van a ofrecer son las siguientes:

- Gazpacho
- Sopa de melón
- Ensaladas variadas
- Quesos
- Embutidos
- Diferentes tipos de panes
- Lubina, atún y salmón a la plancha (en *show cooking*)
- Calamares en su tinta
- Merluza en salsa verde
- Almejas a la marinera
- Solomillo de cerdo al vino tinto
- Muslos de pollo relleno de frutos secos
- *Ragout* de ternera
- Postres variados (helados, pastelitos de bocado, natillas, flanes)

Conociendo el menú del banquete y las características de los clientes, idea formas y motivos de presentación y decoración de las elaboraciones para el servicio de bufé, aplicando la creatividad e imaginación.

- -

 TAREA 2

Algunas de las elaboraciones que se van incluyendo en la carta del restaurante Lienzo son platos tradicionales que se modifican para adaptarlos a la cocina moderna y actual. Estos son los próximos platos que van a incluirse en la carta después de su modificación:

Continúa en página siguiente >>

<< Viene de página anterior

- Chuletillas de cordero con patatas asadas, tirabeques y tomates *cherry*

- Crema de calabaza con langostino salteado y chile

Deduce variaciones en el diseño realizado conforme a criterios tales como tamaño, materias primas que se van a emplear, forma, color, etc. para adaptarlos a la presentación de platos actual y poder incluirlo en la carta del restaurante.

 TAREA 3

Imagina que te vas a presentar a un concurso de cocina en el cual te exigen realizar la elaboración de un plato tradicional pero con una presentación y de-

Continúa en página siguiente >>

<< Viene de página anterior

coración actuales. Por ello, realiza una grabación en vídeo en la que elabores un plato tradicional a tu elección y posteriormente lo presentes y decores en un plato utilizando ideas actuales y teniendo en cuenta el tamaño, el color, la forma, etc.

---

8. Resumen

A la hora de establecer cualquier tipo de negocio de hostelería, la decoración es una de las cosas a tener presente en todas las áreas, pues no es posible imaginar cualquier recinto dedicado a la gastronomía sin ningún tipo de decoración.

De esta manera, todo tiene que estar en el mismo plano: un establecimiento, desde el momento de la entrada hasta el de la salida, tiene que transmitir la misma sensación de armonía en todos y cada uno de los departamentos. La decoración debe estar cuidada durante todo el proceso: **mobiliario, vajilla, presentación del menú, orden en el servicio, armonía visual, limpieza,** etc.

El valor añadido de la **decoración** se crea cuando todas las preparaciones que se incluyan, tanto en los platos del menú como en las fuentes del bufé, son adecuadas. La labor de un hostelero tiene que estar enfocada tanto a la calidad de los alimentos como a ese buen fin.

Así, hemos podido ver como se deben **adecuar los alimentos al recipiente** en el que serán servidos, teniendo en cuenta su forma, color, tamaño, etc. Dichas presentaciones y decoraciones pueden llevarse a cabo mediante dos corrientes principales, las presentaciones clásicas y modernas, en las cuales existen diferencias en relación a la colocación de los géneros, las cantidades, etc.

Además, también se ha hecho un repaso por los **elementos de decoración** utilizados en las presentaciones de platos y bufé, siendo los más importantes los motivos florales, las frutas y verduras talladas, las figuras con pan, las tallas de hielo, etc.

Ejercicios de autoevaluación
Unidad de Aprendizaje 1

1. **Son principios a perseguir ante la confección de un menú:**

   a. Unificar guarniciones y salsas para los distintos platos.
   b. Imponer técnicas de cocción similares entre las diferentes materias primas.
   c. El ingrediente principal no debe estar repetido en ningún plato.
   d. En primer lugar servir los platos o elaboraciones con sabores fuertes.

2. **El apetito se puede despertar...**

   a. ... por un motivo visual y/u olfativo.
   b. ... por llevar días sin ingerir alimentos solamente.
   c. ... por el cuidado de los detalles.
   d. Todas las opciones son incorrectas.

3. **¿Cuál de las siguientes tendencias gastronómicas se relacionan con la presentación de platos de los años ochenta?**

   a. Montajes circulares con divisiones geométricas.
   b. Dar altura a los platos.
   c. Búsqueda de la pureza del ingrediente, eliminar salsas o natas.
   d. Incluir numerosas técnicas de cocción en un mismo plato.

4. **Indica si las siguientes afirmaciones son verdaderas o falsas.**

   a. En la presentación de los platos pueden influir diferentes factores como tamaño del plato, disposición de los alimentos, etc.

      ■ Verdadero
      ■ Falso

    b. Los platos cuadrados y rectangulares se integran mejor con líneas curvas.

       ■ Verdadero
       ■ Falso

5. Identifica cuál de las siguientes técnicas son utilizadas para el montaje y decoración de un bufé.

    a. Disposición de motivos florales y panes
    b. Pastillaje
    c. Talla de hielo y mantequilla
    d. Todas las opciones son correctas.

6. ¿Qué color se considera más versátil en torno a la vajilla utilizada para la presentación de elaboraciones culinarias?

    a. Color negro
    b. Color blanco
    c. Color gris
    d. Color verde

7. El servicio de bufé...

    a. ... permite ofrecer servicios de desayuno, almuerzo y cena.
    b. ... aumenta de forma generalizada los costes de servicio.
    c. ... no permite ofrecer una oferta culinaria basada en cocina temática.
    d. Las opciones a y c son correctas.

8. En la decoración del bufé, se indica que...

    a. ... la disposición correcta de los alimentos puede formar parte de la decoración.
    b. ... las elaboraciones calientes no son decoradas.
    c. ... no es posible utilizar elementos comestibles como elemento decorativo.
    d. Todas las opciones son correctas.

9. Indica técnicas decorativas a aplicar sobre las frutas destinadas al servicio de bufé:

    a. Talla de frutas
    b. Vaciado y rellenado
    c. Pelado en vivo
    d. Todas las opciones son correctas.

10. Identifica cuál o cuáles de los siguientes productos pueden ser utilizados como elemento decorativo.

    a. El chocolate
    b. Las frutas y verduras
    c. El pan
    d. Todas las opciones son correctas.

Aplicación de técnicas de acabado de distintas elaboraciones culinarias

Contenido

Objetivos

El objetivo general de esta Unidad de Aprendizaje es:

→ Desarrollar un acabado adecuado para distintas elaboraciones culinarias.

Los objetivos específicos de esta Unidad de Aprendizaje son:

→ Elegir o idear formas y motivos de decoración, aplicando la creatividad e imaginación.

→ Seleccionar técnicas gráficas adecuadas para la realización de bocetos o modelos gráficos.

→ Realizar los bocetos o modelos gráficos aplicando las técnicas necesarias.

→ Escoger géneros culinarios y demás materiales que sean aptos para la aplicación de la técnica decorativa seleccionada y la consecuente realización del motivo decorativo diseñado con antelación.

→ Realizar los motivos decorativos de acuerdo con el modelo gráfico diseñado u otras fuentes de inspiración.

1. Introducción

La decoración de los platos se lleva a cabo con el objetivo de crear un plato llamativo para el cliente, que no pase desapercibido, que presente un **contraste de sabores, aromas y texturas.**

Como se puede ver, el hecho de **decorar un plato** o una elaboración culinaria no es un capricho del cocinero, sino que se hace con una intención, la de **sorprender al cliente,** ya que como es sabido "se come antes con el ojo que con la tripa". Por ello, no es tarea fácil, ya que no existen referencias que sirvan de guía. Además, todo cocinero posee un estilo propio que caracteriza sus platos, haciéndolos suyos. Por tanto, el tiempo y la experiencia influyen mucho en la decoración de los platos.

La decoración de los platos **requiere ser prevista y organizada,** determinando el tratamiento culinario de los ingredientes, forma, colores y texturas.

La decoración no es algo nuevo, sino que se practica desde hace muchos años. Ya en época romana se celebraban concursos para ver quién era el mejor decorando tartas o preparaciones. También depende del país del que se trate. Los japoneses, por ejemplo, se preocupan mucho y dedican gran tiempo a la presentación. Tampoco es igual la decoración antigua, bastante recargada y que incluso llegaba a enmascarar productos principales, con la actual, donde se buscan combinaciones sencillas.

Seguiremos basándonos en los casos del restaurante Lienzo, donde tienen muy en cuenta todos los aspectos relacionados con el diseño y decoración de platos, dando como resultado un acabado de los mismos muy llamativo y que consigue captar la atención del cliente.

2. Estimación de las cualidades organolépticas específicas

 **HILO CONDUCTOR**

Lucía, la jefa de cocina del restaurante Lienzo, está diseñando varios platos que van a incluirse próximamente en la carta. Como elemento principal ha elegido

Continúa en página siguiente >>

<< Viene de página anterior

la dorada. Al ser un pescado con un sabor poco marcado, no puede escoger una guarnición con sabores fuertes, ya que enmascararía el sabor del elemento principal. A su vez, la textura del pescado es blanda y podría utilizar una textura diferente para la guarnición, así como un color vivo para que hiciera contraste con el blanco del pescado. Finalmente, decide que acompañará la dorada con una crema de guisantes y un crujiente de arroz negro, aportando así diferentes texturas, colores y sabores.

La correcta presentación de todos los alimentos de una elaboración culinaria puede hacerla más apetecible para el cliente.

Para poder llevar a cabo una buena presentación se deben conocer correctamente las cualidades organolépticas de cada uno de los alimentos para no mermar ni enmascarar ninguna de ellas. Las cualidades organolépticas son **aquellas propiedades que se perciben por los sentidos** y que se refieren al color, sabor, olor y textura de los alimentos.

A continuación, se desarrollan los aspectos más importantes al valorar las cualidades de las elaboraciones, las combinaciones posibles y la experimentación de los resultados obtenidos.

2.1. Valoración de las cualidades aplicadas a una elaboración

En todo el proceso de montaje y decoración del plato hay que tener en cuenta que, ante todo, no se deben de mermar las cualidades organolépticas de los propios alimentos. No obstante, no existen unas reglas o normas a la hora de presentar un plato, aunque sí unas pautas que se deben seguir.

Alimentos

Los alimentos **deben ser comestibles** y, además, deben ser lo más **frescos** posibles, pudiendo observarse a simple vista. Estos deben dar sensaciones a simple vista acordes con su elaboración.

 **EJEMPLO**

Una ensalada debe dar una sensación de frescura, mientras que en un asado la sensación debe ser de vigor.

Durante el montaje del plato se debe tener en cuenta que hay que llevar a cabo una presentación sin sobrecargar, ya que, en caso contrario, se perdería en armonía y atractivo. Si es posible, la guarnición servirá de elemento decorativo, aunque no sea la función principal de esta.

Guarniciones

Las guarniciones no tienen la función principal de **decorar los platos,** sino que han de complementar y potenciar el ingrediente principal al que acompañan, pero sin enmascarar su sabor, ya que es este el que tiene que destacar en el plato.

Por lo tanto, podemos definir la guarnición como la preparación culinaria realizada con uno o varios ingredientes, los cuales tienen como **objetivos** principales los siguientes:

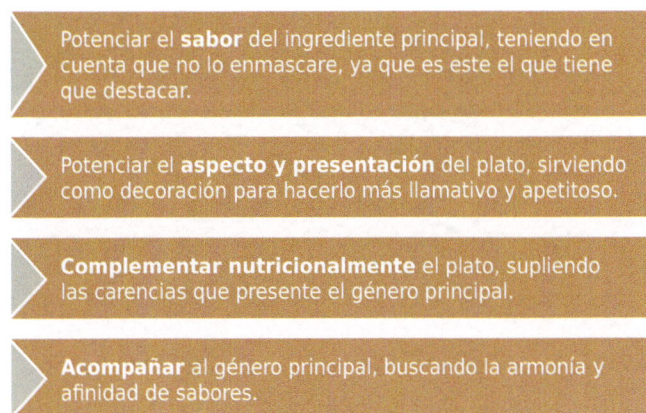

Potenciar el **sabor** del ingrediente principal, teniendo en cuenta que no lo enmascare, ya que es este el que tiene que destacar.

Potenciar el **aspecto y presentación** del plato, sirviendo como decoración para hacerlo más llamativo y apetitoso.

Complementar nutricionalmente el plato, supliendo las carencias que presente el género principal.

Acompañar al género principal, buscando la armonía y afinidad de sabores.

Las guarniciones son elaboraciones culinarias que han ido cambiando con el paso de los años, siendo en la actualidad muy distinta la concepción de guarnición de la que se tenía antiguamente. Se pueden clasificar en frías o calientes y actuales o clásicas.

En la **cocina clásica,** la guarnición estaba compuesta de **alimentos indispensables** para el plato. No se concebía ningún género servido sin guarnición o elemento de decoración, estando perfectamente definida y diferenciada del elemento principal. Se podían encontrar tanto aquellas que formaban parte intrínseca en la decoración del plato como las que acompañaban al plato servidas, aunque aparte.

En la **actualidad,** se conciben las guarniciones de forma muy distinta, destacando la **sencillez.** En la mayoría de las ocasiones, son muy reducidas o escasas, ya que predomina la idea de que un plato bien diseñado no requiere guarnición. Actualmente, más que una guarnición, se busca un elemento decorativo del plato, evitando caer en el error de que con mucha cantidad el plato estará más decorado.

A la hora de establecer las guarniciones no hay reglas ni normas, pero sí se tendrán en cuenta una serie de factores, teniendo siempre muy presente que las guarniciones sirven como complemento y potenciador del género principal y no pueden enmascararlo ni camuflarlo:

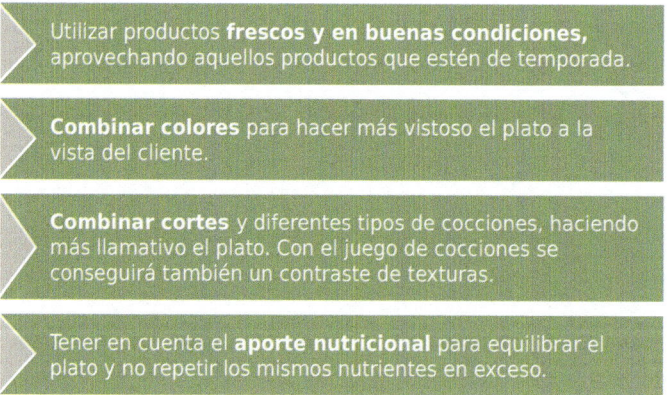

Utilizar productos **frescos y en buenas condiciones,** aprovechando aquellos productos que estén de temporada.

Combinar colores para hacer más vistoso el plato a la vista del cliente.

Combinar cortes y diferentes tipos de cocciones, haciendo más llamativo el plato. Con el juego de cocciones se conseguirá también un contraste de texturas.

Tener en cuenta el **aporte nutricional** para equilibrar el plato y no repetir los mismos nutrientes en exceso.

Frescura

La **frescura** de las materias primas es **primordial** para conseguir un buen resultado en la elaboración culinaria que se vaya a preparar. Para obtener un buen resultado en la presentación del plato este factor es muy importante, ya que todo ello afectará a la visión, el olor, el sabor y la textura del alimento.

No todos los alimentos se reconocen por su frescura de la misma manera:

> En la **carne,** el principal indicador de frescura es el color, seguido por el **olor, la textura y el brillo.**

> En el **pescado,** las características principales para reconocer son similares en cuanto las anteriores destacando el **color, olor y brillo.**

> Respecto a las **frutas,** el color y el brillo son imprescindibles para reconocer a simple vista su frescura, aunque en este caso juega un papel muy importante el hecho de que el producto sea de temporada, ya que sus cualidades organolépticas serán más intensas.

> En el caso de los **huevos,** cabe destacar su fecha de puesta.

SABÍAS QUE...

Para reconocer la frescura de un pescado se debe fijar en:

- Sus agallas deben ser de un color rojo intenso.
- Sus ojos deben estar brillantes y que no deben hundirse en sus órbitas.
- Las escamas deben estar relucientes y bien unidas a la piel del pescado.
- El pescado debe desprender un olor agradable.
- La carne tiene que estar prieta.
- Las vísceras deben estar bien diferenciadas, es decir, sin estar hechas papilla; y deben desprender un olor fresco, no putrefacto.

PARA SABER MÁS

Puedes acceder a través del siguiente enlace a información complementaria sobre el etiquetado y marcado del huevo, imponiéndose por normativa la necesidad de identificar la forma de cría de las gallinas, el país de origen, la fecha de consumo o la clase y categoría del huevo.

Continúa en página siguiente >>

<< Viene de página anterior

https://redirectoronline.com/hotr00020201

Volumen y formas

En la decoración del plato se debe de realizar la búsqueda de volumen y formas geométricas, dándole altura en la medida de lo posible, intentando poner en primer plano el género principal.

Se pueden realizar una amplia serie de composiciones, en distintos tipos de platos. Cualquiera de ellos es posible encontrarlos en el mercado o en cualquier restaurante u hotel. Así, se pueden observar estas composiciones sobre distintos elementos, que producirán efectos distintos en cada uno de ellos.

Color

Al decorar platos, es posible usar los colores de manera individual o combinándolos entre sí, buscando un resultado de diferentes sensaciones. Se pueden encontrar diferentes tipos de colores, los cuales se pueden clasificar en:

El uso de un color u otro puede dar una sensación totalmente distinta, entre las que se pueden destacar:

- **Rojo:** alegría
- **Azul:** confianza
- **Anaranjado:** placer
- **Blanco:** paz
- **Verde:** juventud y frescor
- **Amarillo:** envidia y egoísmo
- **Violeta:** engaño
- **Gris:** aburrimiento

Factor sorpresa

Si se quiere impresionar al cliente en el momento del disfrute del plato, se pueden servir algunos elementos como las guarniciones para sorprender al comensal, realizando elaboraciones poco habituales y muy vistosas.

 **EJEMPLO**

Un crujiente de guisantes (crema de guisantes extendida en papel sulfurizado y secada al horno) o un ravioli de migas crujientes (un ravioli realizado con pasta *brick* relleno de migas).

Texturas

El uso de un puré y una fritura en una misma elaboración puede dar una combinación de texturas que harán un contraste en boca muy agradable. Por el contrario, un uso similar de texturas podría provocar monotonía, lo que supondría un menor disfrute del comensal.

Las texturas básicas se clasifican en: suave, grueso, sólido y blando.

Actualmente, están apareciendo otras nuevas texturas, como las aireadas (por ejemplo: un aire de limón que se consigue con el batido de un zumo de limón al que se le añade un poco de lecitina de soja).

En el caso de la pastelería, esta clasificación varía, de manera que existe otra clasificación: *mousse,* cremosos, esponjosos y crocantes o crujientes.

Vajilla

Dependiendo del diseño y la forma de la vajilla, se puede hacer un tipo de decoración u otro, pero hay que tener en cuenta su gran importancia, ya que servirá de soporte para presentar la elaboración culinaria. En cuanto a la vajilla, cabe destacar los siguientes aspectos:

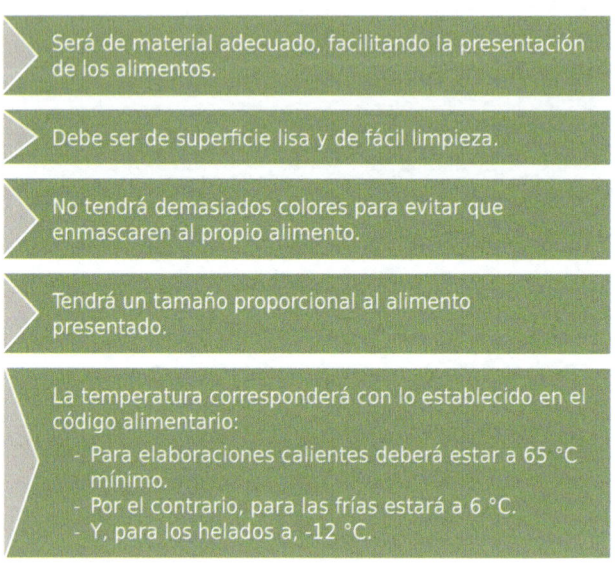

Será de material adecuado, facilitando la presentación de los alimentos.

Debe ser de superficie lisa y de fácil limpieza.

No tendrá demasiados colores para evitar que enmascaren al propio alimento.

Tendrá un tamaño proporcional al alimento presentado.

La temperatura corresponderá con lo establecido en el código alimentario:
- Para elaboraciones calientes deberá estar a 65 °C mínimo.
- Por el contrario, para las frías estará a 6 °C.
- Y, para los helados a, -12 °C.

Limpieza y anagramas

La higiene y limpieza de la vajilla es primordial a la hora de llevar a cabo el montaje del plato. Además, se debe tener especial cuidado durante el montaje y mantener limpios los bordes de los platos, no solo de restos de alimento, sino también de huellas.

Las vajillas con anagrama van a ser puestas con el anagrama hacia el cliente, con lo que se tendrá que realizar el montaje del plato teniendo este aspecto en cuenta.

 **RECUERDA**

En el orden clásico de decoración el elemento principal se coloca en el centro derecha y la guarnición en la parte superior izquierda.

Como ejemplo, dentro de la pauta de volumen y forma, es posible encontrar diferentes formas geométricas atendiendo a la composición del plato:

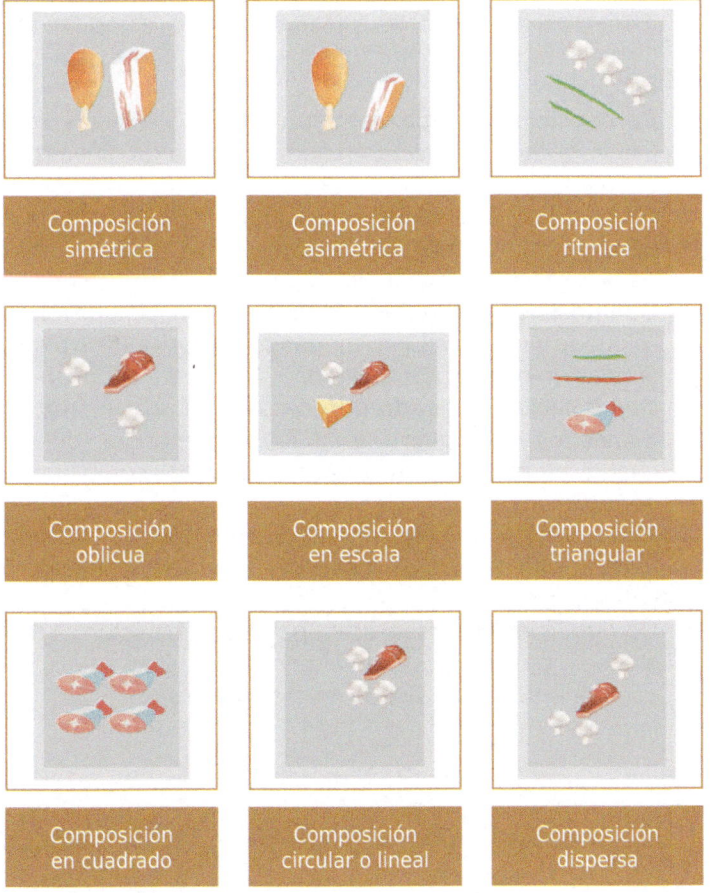

Composición simétrica	Composición asimétrica	Composición rítmica
Composición oblicua	Composición en escala	Composición triangular
Composición en cuadrado	Composición circular o lineal	Composición dispersa

- **Composición simétrica:** los elementos del plato se dispondrán mediante un equilibrio bilateral y proporcional entre las diferentes orientaciones del plato, realizando un equilibrio pleno en cuanto a formas y volúmenes en ambos lados. Con esta composición se transmitirá una sensación de orden y armonía, destacando la sencillez y equilibrio de los diferentes elementos del plato.

- **Composición asimétrica:** en este caso se dividirá al igual que en el caso anterior en dos partes pero de manera desequilibrada en cuanto a formas y volúmenes en ambas partes. Esta composición transmitirá un desequilibrio con el cual se conseguirá una sensación de tensión y, por tanto, mayor vitalidad.

- **Composición rítmica:** en este caso, se realizará el montaje repitiendo el efecto principal varias veces de la misma forma y con el mismo volumen, alternando con otros elementos, como podrían ser guarniciones. Con ello se buscará una sensación estimulante para llamar la atención del cliente.

- **Composición oblicua:** se realizará formando líneas circulares respecto a la vista del comensal, creando un efecto de dinamismo por su visión tridimensional.

- **Composición en escala:** en esta composición se dispondrá un mismo género presentándolo de la misma forma repetitiva en el mismo plato, pero variando sus tamaños.

- **Composición triangular:** con esta combinación de formas y volúmenes se puede variar en alturas, formando una pirámide o bien un triángulo en dimensión plana sobre el plato.

- **Composición en cuadrado:** como en el caso anterior, jugando con las formas, los volúmenes y las alturas, se dispondrán en el plato formando cuadrados perfectos en horizontal o vertical, completamente iguales, es decir, simétricos.

- **Composición circular o lineal:** a partir de un punto central, se colocarán todos los elementos de forma ovalada o circular respecto a ese punto central.

- **Composición dispersa:** este tipo de combinación se realizará situando el efecto principal justo en el centro del plato, situando el resto de los componentes alrededor de manera dispersa.

 IMPORTANTE

La presentación simétrica no permite diferenciar entre guarnición y elaboración principal, por ello es destinada a presentaciones de bufé o platos para compartir.

2.2. Combinaciones base

Las combinaciones que se van a tener en cuenta como base van a ser las siguientes.

Combinación de colores

El uso de colores en la presentación de platos puede aportar un gran número de sensaciones a través de lo visual, ya que cada color puede aportar una sensación diferente, explicado en el anterior apartado. Para conseguir una buena combinación, se debe evitar creer que cuantos más colores contenga, más atractiva queda la presentación. El hecho de usar un único color en diferentes tonos puede resultar más apetecible a la vista del comensal.

Una buena combinación de colores debe partir de dos principios:

> El uso de colores primarios, como el amarillo, el magenta y el cian o combinándolos entre sí para dar los colores secundarios.

> Haciendo contrastes de colores, ya sean de tono, blanco y negro, simultáneos, etc.

Combinación de texturas

La textura de los alimentos es un punto muy importante a tener en cuenta, ya que está la que eleva, alegra los sabores y aromas de los alimentos, haciéndolos más ligeros o más potentes al entrar en contacto con la boca.

En el mundo de la cocina se pueden encontrar un gran número de texturas. Las principales son:

- **Texturas suaves:** dan un toque cremoso, ligero, sabroso, en boca. Este tipo de texturas hace que generalmente los sabores sean más cálidos, más ligeros. Por ejemplo: una crema de zanahoria.
- **Texturas sólidas:** hacen referencia a alimentos algo más duros, más secos. Estas texturas hacen que el sabor del alimento sea más fuerte, aunque tienen el inconveniente de que el grado de dureza puede provocar un cansancio en la masticación. Por ejemplo: un solomillo de ternera pasado.

➲ **Texturas blandas:** la sensación en boca es algo similar a la anterior, pero con un grado de dureza menor. Por ejemplo: un escalopín de ternera.

➲ **Texturas líquidas:** en contacto con la boca hacen que su paso sea mucho más ligero, casi sin percibir su sabor, a no ser que se trate de un sabor fuerte. Por ejemplo: un jugo de guisantes para guarnición de un pescado.

➲ **Texturas crujientes:** se trata de productos con una alta fragilidad. Su uso aporta textura y sabor, siendo común en el acompañamiento de cremas o purés, guisos, etc. Las texturas crujientes a su vez propician durante su consumo un sonido propio de estos productos, siendo una nota a destacar. Al contener un bajo contenido en agua o jugos, el producto crujiente suele aportar un sabor destacado e intenso, pudiendo ser servido como elemento principal o formar parte de otras elaboraciones. Ejemplo: un crujiente de jamón.

La unión de todas estas texturas, o algunas de ellas, en una misma elaboración provoca que sea más vistosa y apetecible para el comensal, produciendo un conjunto muy diverso de sensaciones en boca que hará que una unidad de sabores pueda tener diferentes texturas.

 **EJEMPLO**

En el caso de la pastelería, las texturas varían. Entre ellas, destacan:

* Texturas espumosas: son muy aéreas, ligeras, volátiles. Darán un aroma más efímero, mucho más ligero.
Ejemplo: *mousses* de diversos sabores.
* Texturas esponjosas: son texturas muy similares a la anterior, pero un poco más compactas. Dando así un sabor más fuerte en boca.
Ejemplo: los bizcochos.
* Texturas cremosas: tiene un aspecto más firme, más espeso y muy presente en la degustación en boca.
Ejemplo: una crema de limón.
* Texturas sonoras o crocantes: estas texturas estimulan las papilas gustativas, haciendo que el conjunto de la elaboración sea más atractiva y apetecible para el comensal.
Ejemplo: una lámina de chocolate en la terminación de postre.

Combinaciones de sabores

El sabor es la impresión que nos causa un alimento y está determinado principalmente por sensaciones detectadas por el gusto (paladar) y por el olfato (olor).

Podemos encontrar **cuatro sabores básicos** que son los siguientes:

- **Salado:** principalmente relacionado con la sal, es un sabor que, en su justa medida, potencia el gusto de los alimentos. Es localizado por las papilas gustativas ubicadas a ambos lados de la parte delantera de la lengua.
- **Dulce:** al entrar en contacto con la boca da una sensación de placer. Se detecta principalmente en las papilas gustativas de la punta de la lengua.
- **Ácido:** conocido también como sabor agrio, su aspecto fuerte hace que no sea de muy buena aceptación por parte de todos los comensales. Es detectado por las papilas gustativas de la lengua ubicadas a ambos lados de la parte posterior de la misma. Podemos encontrar alimentos ácidos como las frutas cítricas y sus productos (zumos de limón y de naranja, manzanas, ciruelas, etc.), además de otros productos como el vinagre, el tamarindo, el tomate guisado, etc.
- **Amargo:** de todos es el que produce quizás la sensación más desagradable en boca. Es detectado por las papilas gustativas situadas en la parte posterior de la lengua. Son alimentos amargos el chocolate no edulcorado, el melón amargo o calabaza amarga, las aceitunas sin aliños ni maceración, la piel de los cítricos, el diente de león y la escarola, la berenjena, el zumo de limón obtenido de limones maduros y el zumo de pomelo.

 **IMPORTANTE**

Los alimentos dulces poseen un alto contenido de carbohidratos, por lo que una ingesta excesiva puede resultar muy pesada.

Además de estos cuatro sabores básicos, podemos encontrar otros muchos. Destacan, **entre otros,** los siguientes:

Picante	- Produce una sensación agradable en boca en su justa medida, potenciando también el sabor propio de otros muchos alimentos. Los alimentos picantes son la cebolla, el ajo, la cayena, el jengibre, el clavo de olor, la pimienta, etc.
Astringente	- Produce una sensación de sequedad o arenosidad en la boca. Algunos ejemplos de alimentos astringentes son el plátano verde, granada, caqui o cúrcuma.
Ahumado	- Es un sabor que, como su propio nombre indica, aporta un olor, una sensación de humo. Los salmones son un claro ejemplo de ahumado.

Las combinaciones que se pueden realizar de sabores son muy diversas y amplias, debido al gran número de alimentos que existe y al grado de sabor característico de cada uno.

El **contraste** más destacable es el **salado-dulce.** En este caso puede haber dos opciones, dependiendo del tipo de plato del que se trate, es decir, en un plato salado, se puede realizar la combinación de tal manera que el dulce permanezca en muy pequeña proporción, diferenciándose así el aspecto salado del postre. En el caso de los platos dulces, se debe de tener en cuenta que el sabor a destacar debe de ser el dulce, permaneciendo el salado en un segundo plano, sin que se dé a notar.

Otro tipo de combinación es el **dulce-salado-cualquier otro sabor** de los mencionados anteriormente, en el que en el dulce y el salado aparecían de forma casi inapreciable. En una elaboración pueden intervenir tres o más sabores.

Un tercer tipo de combinación se podría dar entre **sabores más suaves con otros más potentes** (sabores matizados). En los platos salados el sabor predominante es el salado-salado.

 **EJEMPLO**

Solomillo de ternera sobre arroz cremoso de verduritas, donde se combina el sabor salado de la ternera con el de las verduras.

Por otro lado, en el caso de los **postres,** el sabor más predominante es el **dulce-ácido.**

 **EJEMPLO**

Un claro ejemplo es el del hojaldre de frutas. Consiste en una masa de hojaldre cocido con crema pastelera cubierto de frutas ácidas como la naranja o la manzana, en el que se contrasta el sabor dulce de la crema pastelera con el ácido de la fruta.

Al combinar sabores hay que tener especial atención en no caer en el error de hacer una combinación en la que el sabor de uno sea demasiado potente ni al contrario, para no enmascarar o ser enmascarado por el resto de los elementos que componen el plato.

 **EJEMPLO**

Un caso muy atractivo de combinación de sabores podría ser: Peras al vino con helado al aceite de oliva y crujiente de chocolate. Estaría presente la acidez de la pera y el aceite, la astringencia del vino y el amargor del chocolate, sin olvidar el dulzor en su conjunto.

Combinaciones de olores

Los olores son uno de los factores principales en el momento de aceptación del plato por parte del comensal. Un buen olor, limpio, sin nada de putrefacción ni olores a crudo, dará una buena sensación al cliente.

La primera sensación del cliente es un primer olor que le abrirá el apetito, la segunda será la captación de las demás características de los alimentos.

NOTA

El punto de cocción hace resaltar más o menos el olor de un alimento. Un alimento pasado de cocción perderá parte de su olor característico, en cambio, uno en su punto o menos hecho remarcará más su olor. En general, todo alimento que esté más cocinado de su punto perderá parte de sus cualidades organolépticas.

El sabor es una cualidad organoléptica que va ligada a los sentidos del gusto y del olfato. En la combinación de sabores, se dará también una combinación de olores, por lo que de la misma manera hay que evitar que un único olor enmascare al resto de la elaboración. Por ejemplo, un plato de conejo al ajillo, que debe desprender un olor uniforme en conjunto de todos los olores que lo componen, no pudiendo destacar el olor único a carne, ni a tomillo, ni a vino.

2.3. Experimentación y evaluación de resultados

Las diferentes combinaciones que es posible realizar pueden producir gran aceptación por parte del comensal. Como ejemplo, a continuación se proponen varias combinaciones y la valoración de sus resultados.

RECETA

Foie caramelizado sobre estofado de manzana y aire de vino dulce

Ingredientes

- *Foie* fresco
- Vino de Oporto
- Pimienta de Jamaica
- Azúcar
- Sal
- Cebolla
- Manzana

Continúa en página siguiente >>

<< Viene de página anterior

- Vino de Málaga
- Lecitina de soja

Elaboración

1. Se limpia el *foie*, retirándole todas las venas y capilares.
2. Se pone a macerar durante 90 minutos junto con vino de Oporto, azúcar, sal y pimienta de Jamaica. Una vez transcurridos los 90 minutos, se saca y escurre y se extiende en un molde forrado previamente de papel transparente de cocina sin darle un grosor de más de tres centímetros.
3. Se cocina en el horno a vapor con una temperatura de 90 °C durante cuatro o cinco minutos. Una vez cocinado, se incorpora en un baño frío con agua y hielo para cortarle la cocción. Cuando este haya perdido ya la temperatura, se saca y se corta en forma rectangular. Y ya en el momento del montaje del plato, se espolvorea de azúcar y se quema con una pala de quemar o un soplete.
4. Por otro lado se pelan, lavan y cortan la cebolla y la manzana en *brunoise*. Se ponen a fondear por orden de dureza, primero la cebolla y una vez esté blanda, se incorpora la manzana.
5. Por último, se pone el vino Málaga en un cazo y se lleva a ebullición. Se añade la lecitina y se bate para incorporarle aire y conseguir una espuma, como si se mezclara jabón y agua.
6. Para el montaje del plato, se pone la manzana en el fondo formando un lecho, sobre esta el *foie* previamente caramelizado y sobre este el aire de vino.

Valoración

Con la combinación de estos ingredientes se consigue una combinación de los sabores ácidos de la manzana, los agridulces del *foie* y los amargos del vino.

Por otro lado, se obtiene una combinación de las texturas crujientes del azúcar quemado que cubre el *foie*, la melosa y cremosa del propio *foie*, la aireada del aire de vino Málaga y la sólida del estofado de manzana.

También se consigue un contraste de los colores blancos de la manzana, las tierras del propio *foie* y los tonos grises, negros y oscuros del azúcar quemado y del aire.

Por último una combinación de los olores propios del *foie* y del vino.

✎ DEFINICIÓN

Brunoise
Corte de las verduras en pequeños dados (de 1 a 2 mm de lado). Se utiliza tanto para preparaciones en las que el corte estará visible (como un aderezo o una ensalada) como en salsas o rellenos.

- -

🍴 RECETA

Presa ibérica sobre migas crujientes y yema trufada con aceite de remolacha

Ingredientes

- Presa ibérica
- Pan
- Ajos
- Chorizo
- Panceta
- Pasta *brick*
- Yema pasteurizada
- Trufa rallada
- Aceite de oliva virgen extra
- Sal
- Remolacha

Elaboración

1. Se limpia y raciona la presa. Se reserva.
2. Se corta el pan, se rocía con un poco de caldo de ave o agua y se reserva.
3. Se pelan y cortan el chorizo, la panceta y los ajos. Se saltean en el mismo orden citado anteriormente en la misma sartén donde se va a secar el pan para aprovechar la grasa resultante de haberlos salteado. Una vez esté listo se añaden el chorizo, los ajos y la panceta.
4. Se hacen los *bricks* de forma rectangular.

Continúa en página siguiente >>

<< Viene de página anterior

5. Se pone la yema junto con un poco de aceite de oliva y sal. Se cocina al baño maría, procurando que no sobrepase los 65 °C para que no coagule la yema. Cuando ya esté cocinado, se añade un poco de trufa rallada.
6. Por último, se pela y tritura la remolacha y se le añade un poco de aceite de oliva. Se infusiona.
7. Para el montaje del plato, se pone una lágrima, con una cuchara, de yema; sobre esta se pone un ravioli y la presa previamente marcada y cocinada. Para terminar, se rodea con un cordón de aceite de remolacha.

Valoración

Combinación de colores con el amarillo de la yema, los marrones tierras y oscuros del ravioli y la presa y el morado de la remolacha.

También se ha obtenido una combinación de las texturas crujientes de las migas, las cremosas de la yema y de la remolacha y las sólidas de la carne.

Finalmente, se obtiene una combinación también de sabores fuertes de la presa y de la trufa, suaves de la yema, con un toque agridulce del aceite de remolacha. Todos estos ingredientes ofrecen una gama de diferentes olores.

----

3. Formas y colores en la decoración y presentación de elaboraciones culinarias

☞ **HILO CONDUCTOR**

Para la presentación de un plato de la carta del restaurante Lienzo, se utiliza la técnica de contraste de tono. Sobre un plato blanco, se coloca un fondo de crema de zanahoria, sobre esta, se colocan dos filetes de salmonete con la piel hacia arriba, quedando bien visible el color de esta. Sobre una parte del pescado se coloca una espuma de pomelo y un crujiente de zanahoria amarilla.

La decoración de un plato tiene como objetivo **presentar de la forma más estética y apetitosa** posible los ingredientes que forman parte de un plato.

Cuando se **presenta un plato,** se pueden utilizar una serie de reglas concretas, al igual que un artista utiliza una serie de pautas para la ejecución de su obra, como pueden ser técnicas relacionadas con el **color, las formas o el equilibrio.** Será la creatividad del cocinero la que determinará que ese plato resulte sugestivo y apetitoso.

La **primera percepción** se lleva a cabo con el sentido de la **vista.** Mediante este sentido, se pueden no solo identificar los productos y la cantidad del mismo, además, se observa cómo se disponen los alimentos en el plato o soporte, la forma que adquieren los productos o elaboraciones, y los colores y matices de los mismos.

La creación de un plato no es algo que se tenga que dejar al azar, debe ser objeto de estudio y combinación entre los diferentes elementos que forman parte del conjunto del plato. Por ello, se deben conocer los colores que proporcionan los **ingredientes, cómo mantenerlos, obtenerlos, potenciarlos o combinarlos.** Las formas se pueden obtener mediante diferentes texturas, piezas, cortes, etc., de la materia prima.

Por otro lado, la **vajilla** y los **soportes** son el complemento perfecto para combinar los colores y formas a la hora de finalizar y presentar una elaboración. Tanta importancia y relevancia ha tomado en los últimos años la combinación de elaboraciones y soportes, que estos últimos se han creado en función de las necesidades del cocinero, para su presentación artística y como fruto de un cuidadoso estudio.

3.1. La técnica del color en gastronomía

La sensación que producen los colores, visualmente, determina la primera sensación del plato en el cliente, al igual que lo hacen las formas. Los colores transmiten determinadas sensaciones, debido a un efecto psicológico sobre el usuario.

Este efecto psicológico que poseen los colores, ejerce en el cliente:

> Capacidad de **impresionar.** Atraen la atención visual del cliente.

Continúa en página siguiente >>

<< *Viene de página anterior*

> Capacidad de **transmitir sensaciones:** frío, calor, alegría, etc., dependiendo del color utilizado.

> Capacidad de **transmitir la idea** en la que se fundamenta el plato.

Cuando creamos un plato, los colores que se usan son los que se encuentran en las materias primas con las que se elabora (verde de las espinacas, rojo del tomate, etc.) y, a su vez, las diferentes tonalidades que estos pueden adquirir, durante el proceso de elaboración del plato.

Para que los colores que se van a utilizar, ya sea en una salsa, en una crema, en un fondo, etc., transmitan las sensaciones anteriores, han de mantener las cualidades de los productos con las que se realizan. Es decir, los colores manifiestan frescura y calidad siempre y cuando la manipulación que realizamos con estos sea la adecuada.

 **EJEMPLO**

Para obtener una crema de espinacas con un color brillante y llamativo, que transmita sensación de frescura, se debe realizar una correcta manipulación de los ingredientes, no cocinando en exceso las espinacas en este caso. De esta manera, mantendrán los pigmentos que le transmiten este color, ya que, en el caso de que esta manipulación no sea la adecuada, se obtendrá un color apagado, pardo, sin brillo, que no va a transmitir la sensación de frescura deseada.

A la hora de componer un plato se puede utilizar la clasificación básica del color, para así poder conocer las combinaciones más adecuadas. De esta forma, decimos que son colores primarios: el rojo, el azul y el amarillo, porque el pigmento de estos colores no proviene de la combinación de otros.

Con su mezcla se pueden obtener, a su vez, los colores secundarios. Esta combinación debe hacerse de dos en dos colores primarios, en una proporción del 50 %.

Color primario	Color primario	Color secundario
Rojo	Amarillo	Naranja
Rojo	Azul	Violeta
Amarillo	Azul	Verde

Al mezclar los colores primarios con los secundarios se obtienen colores terciarios, formando el círculo cromático.

Color primario	Color secundario	Color terciario
Rojo	Naranja	Rojo anaranjado
Amarillo	Naranja	Amarillo anaranjado
Amarillo	Verde	Amarillo verdoso
Azul	Verde	Verde azulado
Azul	Violeta	Azul violáceo
Rojo	Violeta	Violeta rojizo

Al formar el círculo cromático, se pueden determinar cuáles son los colores complementarios de una forma simple, ya que son aquellos que se enfrentan en la escala cromática. El negro se obtiene de su mezcla.

Los colores que van desde el blanco al gris son considerados colores neutros y se pueden combinar con el resto de colores, lo que da lugar a una gama de colores ilimitada.

⊕ PARA SABER MÁS

Puedes visualizar un documento en el que se explica y desarrolla la teoría del color, accediendo aquí:

https://redirectoronline.com/hotr026po0201

Hasta ahora, se ha visto cuáles son los colores primarios, cómo obtener los secundarios y los terciarios, cómo obtener el color negro y cuáles son considerados colores neutros. A continuación, se describe como estos colores se pueden clasificar a su vez en fríos y calientes, según el efecto psicológico que ejercen sobre las personas. Normalmente, se tiende a asociar los colores calientes al sol y al fuego, que suelen despertar nuestro interés y estimulan el sistema nervioso. Del lado opuesto se sitúan los colores fríos, asociados a la sensación de frío, el hielo y la nieve en la naturaleza.

De esta forma, se percibe y por ello se consideran colores fríos los que van del gris y del azul al verde y verde azulado. Se consideran colores calientes los que van del rojo al amarillo.

Colores fríos	Colores calientes
- Amarillo-verde	- Amarillo
- Verde	- Amarillo anaranjado
- Verde-añil	- Anaranjado
- Azul	- Rojo anaranjado
- Violeta	- Rojo

De todo lo anterior, se deduce que los colores calientes o fríos tienen una capacidad de expresar y una fuerza distinta, según se trate de uno u otro color. Son muchos los adjetivos que se pueden aplicar a cada color. Se citan a modo de ejemplo los siguientes:

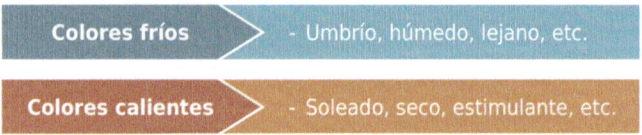

Al conocer los colores, se pueden realizar combinaciones entre ellos para realzar y hacer un plato más llamativo y armónico. Es frecuente utilizar colores complementarios para realizar conexiones dentro de un mismo plato.

Al igual que los colores, son numerosas las **formas geométricas** utilizadas en la decoración de los platos, cada una aporta sensaciones muy distintas al comensal. Estas son las más frecuentes:

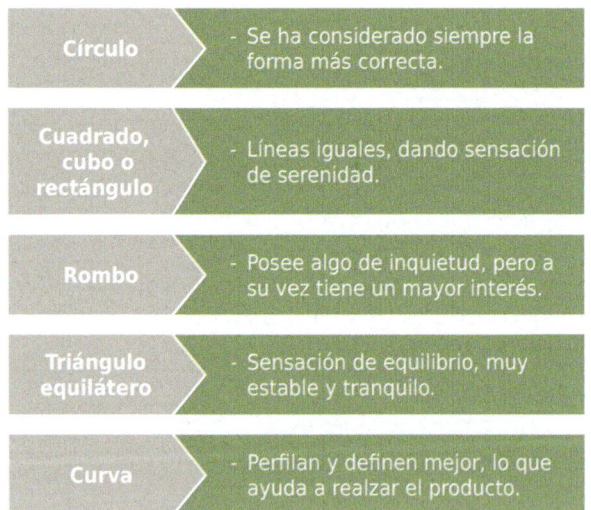

3.2. Contraste y armonía

A la hora de componer o presentar un plato se pueden utilizar colores que contrasten unos con otros o bien que creen un conjunto armónico.

Para obtener o crear el **contraste** se utilizan diferentes colores o tonos, que, en principio, nada tienen en común y que atraen al cliente o comensal positivamente.

Con el contraste se pueden diferenciar colores atendiendo a la luminosidad, al color de fondo o soporte donde se colocan.

Las composiciones más utilizadas para conseguir el efecto de contraste son:

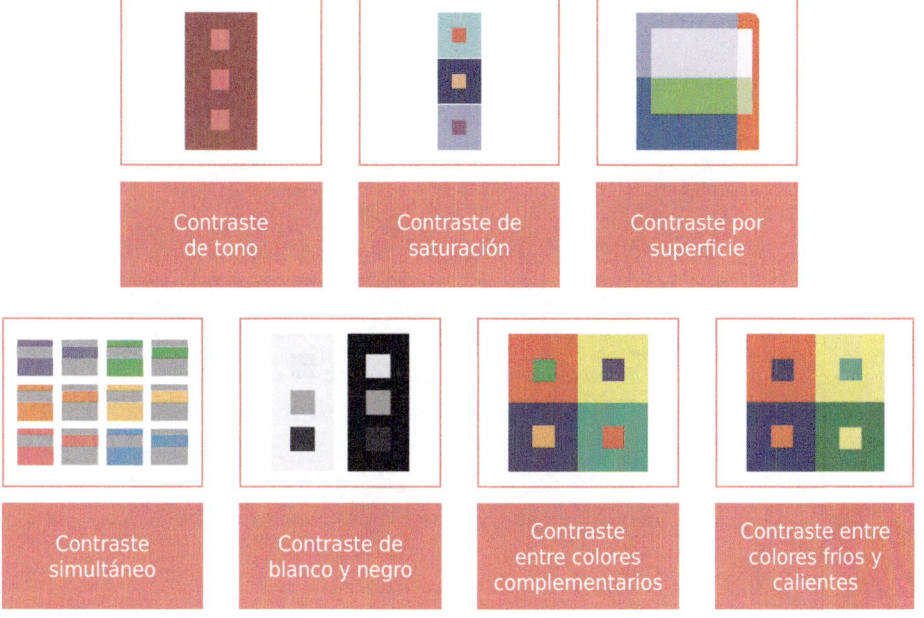

- ⇨ **Contraste de tono:** para realizar este contraste se escogen distintos tonos dentro de un mismo color. Es importante tener en cuenta que uno de estos tonos, normalmente el más saturado, ocupará mayor espacio en el plato o soporte, o bien se utilizará en mayor cantidad sobre los demás. Así se conseguirá el efecto de contraste correctamente.
- ⇨ **Contraste de saturación:** para este contraste se utiliza un color o tono saturado, que se va modulando con blancos o colores complementarios.
- ⇨ **Contraste por superficie:** utiliza distintos colores y tonos, variando la superficie que ocupará cada uno en el plato o soporte.
- ⇨ **Contraste simultáneo:** obtenido al utilizar diferentes tonalidades superpuestas unas sobre otras.
- ⇨ **Contraste de blanco y negro:** obtenido del contraste entre el blanco y el negro, pasando por toda la gama de tonos grises.

⮑ **Contraste entre colores complementarios:** es, sin duda, el mejor efecto conseguido por contraste. Se obtiene de dos colores complementarios y sus derivados, dando lugar a multitud de posibilidades.

⮑ **Contraste entre colores fríos y calientes:** hay que tener en cuenta, que además del uso de los colores, utilizar la luz puede ofrecer otro efecto más. Si se parte de un color y se varía la luminosidad, obtenemos otra gama de colores.

Cuando creamos un plato, podemos decidirnos por la **armonía de colores.** Nos decidiremos por dos o tres colores cercanos en el círculo cromático, pero siempre tendrán en común situarse en colores calientes o fríos.

En función de cómo se combinan estos colores, puede obtenerse:

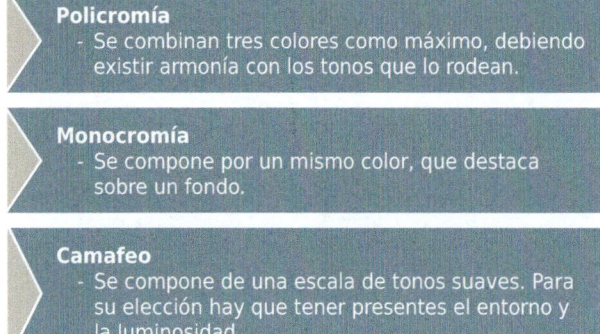

Policromía
- Se combinan tres colores como máximo, debiendo existir armonía con los tonos que lo rodean.

Monocromía
- Se compone por un mismo color, que destaca sobre un fondo.

Camafeo
- Se compone de una escala de tonos suaves. Para su elección hay que tener presentes el entorno y la luminosidad.

3.3. Sabor, color y sensaciones

A la hora de diseñar un plato y de llevar a cabo su decoración, será necesario poner en común los aspectos que influyen en el resultado, siendo estos el sabor, el color, la forma y las sensaciones. Estos parámetros se deben combinar para crear elaboraciones y presentaciones llamativas, pero que a su vez no estropeen ninguna de las características organolépticas del plato. Así, se deberán considerar los siguientes aspectos.

Sabor

Se considera la sensación que causa un alimento u otras sustancias a través del sentido del gusto y que designa sus características.

Estas sensaciones que aparecen cuando se está probando o comiendo una elaboración o plato, se pueden enumerar de la siguiente forma:

Percibir los gustos primarios
- Dulce, salado, ácido y amargo. Asimismo, se pueden percibir otros matices como, agrio, picante, astringente, etc.

Identificar el sabor característico del alimento
- Cada producto posee un sabor característico que lo diferencia del resto, incluso productos iguales pueden tener distinto sabor dependiendo de la zona de cultivo o pesca, de la alimentación, de la crianza, de las condiciones de cultivo, etc.

Apreciación de armonía entre elementos
- En un porcentaje bastante alto, los platos son el resultado de combinar varios ingredientes, con sus sabores característicos, y en los que se busca el efecto de especias e hierbas aromáticas que aporten matices concretos.

 **EJEMPLO**

El olor a campo, que nos aportan el tomillo, el romero, el laurel, etc., y que entrarán a complementar un plato.

Color

Con anterioridad hemos hablado de colores primarios, secundarios, etc., pero en la cocina se pueden obtener colores sin necesidad de mezclar unos con otros. El abanico de colores en la cocina es muy amplio.

Cuando combinamos colores, estamos realizando también una mezcla de sabores. Por lo tanto, es necesario examinar la manera más adecuada de obtener las tonalidades del alimento para cada plato, sin que esto vaya en detrimento de su sabor.

En muchos casos, buscamos sabores puros y auténticos. La mezcla de elementos determinará el sabor de cada elaboración. Quizás una combinación puede realzar o conseguir el efecto deseado en cuanto al color, pero quizá no resulte satisfactoria y no cubra nuestras expectativas en el momento de degustarla.

Así pues, si se interrelacionan **sabores y colores,** se debe observar una justa proporción entre ellos, trabajando en la armonía de colores y en la armonía del plato respecto a su sabor final. Así se conseguirá un resultado óptimo. A la hora de combinar colores, también se debe tener presentes el color del plato y su forma.

En la actualidad, no solo es posible dar distinta **forma a los ingredientes,** realizando para cada uno un determinado **tipo de corte** que le brindará la forma deseada. Encontramos gran variedad de platos en cuanto a su forma. Como norma general el plato redondo ha sido la referencia a la hora de hablar de platos y realizar presentaciones, pero en los últimos años se ha ido evolucionando y buscando formas que ofrezcan alternativas a la hora de realizar diferentes combinaciones, progresando hacia líneas más atractivas para el cliente y que mejoran el aspecto artístico del plato.

Lo mismo ocurre en el caso del color. Estos platos o soportes han ido evolucionando. Si bien es cierto que las vajillas de hace unos años disponían de dibujos, relieves y decoraciones en el plato o en su borde, hoy encontramos soportes de distinto color mucho más evolucionados.

Formas

Sería tarea casi imposible analizar el color, sabor y formas de todos los elementos que ofrecen las elaboraciones, debido a la cantidad existente. Cada cocinero puede elaborar y decorar sus platos de manera distinta, así que el número de platos es ilimitado.

De manera general, se puede hablar de distintos grupos de platos y, dentro de cada uno, los más destacados y característicos, por sus formas y colores, son los siguientes.

Verduras y hortalizas

De gran variedad en cuanto a sabor y color. Encontramos, entre otros, sabores dulces y amargos, con infinidad de matices agrios y picantes.

La gama de colores y tonos es muy amplia.

Color	Verduras y hortalizas
Blanco	Cebolla, blanco puerro
Verde	Espinacas, perejil, pimiento verde
Amarillo	Calabaza
Naranja	Zanahoria
Rojo	Pimiento y tomate rojo
Violeta	Patata violeta
Marrón	Setas

Con las verduras se pueden establecer diferentes tipos de corte, con sus formas y métodos de cocción. Entre todas, se van a distinguir las siguientes:

Tipos de corte	Forma	Métodos de cocción
Brunoise	Cubo 2-4 mm	Ebullición
Paisana	Cubo 4-7 mm	Blanco para verduras
Mirepoix	Cubo	Al vapor
Juliana	Tira fina	Frituras
Cuartier	Cuartos/rectangular	Parrilla
Anillas	Aros	Horno
Lamas	Plana	Estofado
Bolitas	Redondas	Braseado
Verduras torneadas	Ovaladas/rectangular	Al vapor

Mención especial merecen en este apartado las ensaladas, que combinan diferentes ingredientes (crudos o cocinados) a distintas temperaturas (fríos, templados, calientes), de colores, sabores y formas diversas, permitiendo tanta variedad como el cocinero sea capaz de realizar con su imaginación.

Entre esta pequeña muestra, es posible una cantidad de tonalidades muy extensa, que tendrá que ver no solo con el color del producto, sino que también dependerá de cómo se realice una determinada elaboración.

RECETA

Crema de espárragos (Receta 1)

Ingredientes

- ½ kg de espárragos verdes
- 100 g de cebolla
- 50 g de puerro
- 2 dientes de ajo
- Caldo de ave o agua
- Sal
- Aceite de oliva

Elaboración

- Una vez limpias las verduras, (ajos, cebollas, puerros), se cortan en *mirepoix* y se rehogan en un rondón al fuego, con un poco de aceite de oliva y sal, por este orden: ajo, cebolla y puerro.
- Una vez pochadas, se incorporan los espárragos (cortados en trozos).
- Se puede mojar todo con un poco de caldo de ave o agua. Se deja cocer.
- Cuando todo está listo, se retira del fuego, se tritura con *tourmix* y se pasa por un chino.
- Se vuelve a poner al fuego y se pone a punto de sal y espesor. Se reserva.

- -

RECETA

Crema de espárragos (Receta 2)

Ingredientes

- ½ kg de espárragos verdes
- Caldo de cocción de espárragos
- 2 dientes de ajo frito
- 50 g almendras fritas
- 2 rebanadas de pan frito, sal

Continúa en página siguiente >>

<< Viene de página anterior

Elaboración

- Por un lado, se cuecen en agua los espárragos y, cuando estén cocidos, se enfrían rápidamente para que no pierdan su color.
- Se reserva el agua de cocción.
- Por otro lado, se fríen el ajo, el pan y la almendra.
- En un recipiente, se ponen los espárragos cocidos y se incorpora agua de la cocción de los mismos.
- Se incorporan, poco a poco, ajo, almendras y pan.
- Se tritura con la *tourmix* y se pasa por un chino.
- Se vuelve a poner al fuego y se pone a punto de sal y espesor. Se reserva.
- En los dos casos, se obtiene crema de espárragos, las dos con su sabor característico.

En el primer caso, el sabor del espárrago se ve atenuado por la cebolla, el puerro y el caldo. Aun así, percibimos el sabor del espárrago. Lo mismo ocurre con su color, que va perdiendo fuerza al cocinarse durante más tiempo y mezclarse con otras verduras (blancas), que, en este caso, contrarrestan su color verde característico.

En el segundo caso, el sabor del espárrago se ve atenuado por el pan y la almendra frita, pero la incorporación de estos ingredientes será menor, ya que el efecto que buscamos con ellos es el de espesar y son elementos que contribuyen rápidamente a ello. Por lo tanto, quizá no sea necesario usar toda la cantidad. El agua de cocción de los espárragos nos aportará también más sabor.

NOTA

Las cremas realizadas con verduras no deben exceder su cocción, evitando la aparición de colores oxidados o grisáceos.

El color es en este caso más intenso, ya que el espárrago se ha cocinado el tiempo justo y, además, se ha enfriado rápidamente en hielo, lo que ha ayudado a mantener su color verde y vivo. La elaboración influye pues directamente en el resultado, en cuanto a sabor y color, así como en la sensación que nos transmite.

Sopas, cremas y purés

Se trata de elaboraciones de distintas texturas, colores y sabores. Aunque su estado es líquido, con mayor o menor espesor, permite realizar distintas combinaciones sobre el plato, a modo de lágrimas, líneas, etc.

Permiten variar la manera de ser servidas, como en el caso de las sopas, en las que se pueden disponer la guarnición y otros elementos sobre el plato, y servirlas con soperas u otros elementos, que permiten ser más creativos en la composición del plato, lo que se dispone en él y la manera de servirlo.

SABÍAS QUE...

En la actualidad, en muchos restaurantes, se hace uso de decantadores para servir la sopa.

Arroces y pastas

Los arroces y las pastas quizá no permitan ser tan creativos a la hora de ser dispuestos sobre el plato o soporte, pero sí se pueden utilizar otro tipo de elementos para mejorar su presentación.

Pescados

El pescado, como parte integrante del conjunto de un plato, puede adoptar distintas formas y colores, que serán tenidos en cuenta al presentar una elaboración culinaria.

El pescado, al exponerse al fuego, como cualquier tipo de alimento, sufre cambios en su estructura, sabor, olor y coloración. Así pues, el modo en que se relaciona con otros ingredientes no será siempre el mismo y se establece en función de varios factores:

➲ **Método de cocción:** son varios los métodos utilizados para este género. En función del sistema aplicado obtenemos un resultado, que no será el mismo para cada especie y dentro de cada especie puede variar también según el método aplicado y, por tanto, el resultado final obtenido.

Por ejemplo, no es lo mismo cocinar una suprema de lubina a la plancha, que si la hacemos al vapor. En este caso, tenemos un mismo producto, con diferente resultado.

➲ **Forma o tipo de corte:** se pueden encontrar pescados cilíndricos o planos y el tipo de corte aplicado puede variar. Por tanto, se puede dar lugar a combinaciones muy distintas en el momento de montar el plato.

Por ejemplo, con una merluza, se puede disponer una rodaja en un plato (con forma cilíndrica), o bien una suprema (forma rectangular). De esta manera, a la hora de montar el plato, se combinan el resto de elementos en función del corte.

➲ **Tonalidad de su carne:** la tonalidad de la carne puede variar en función de la especie y del tratamiento culinario efectuado. Así, encontramos variedad entre las distintas especies: caballa, rape, salmón, atún, trucha asalmonada, etc. El método de cocción aplicado variará el color externo de la pieza. También puede variar el color dependiendo de que el pescado tenga piel o no.

Por ejemplo, a la hora de presentar una suprema de mero, dependiendo de si se ha marcado en la plancha, tendrá coloración o no, pero también varía su color si presentamos esta pieza con la piel hacia arriba o hacia abajo.

A modo de recordatorio, se representan en el siguiente cuadro algunas especies planas y redondas y los sistemas de cocción más empleados en el pescado, así como los tipos de cortes y la forma de cada corte de manera orientativa.

Especies	Tratamiento	Corte/pieza	Forma (orientativa)
Bonito	Vapor	Rodaja	Redonda
Lenguado	Caldo corto	Trancha	Ovalada
Rape	Escalfado	Medallón	Redonda
Salmón	Parrilla	Suprema	Rectangular/cuadrada
Merluza	Horno	Darné	Rectangular/cuadrada
Salmonete	Braseado	Quenelles	Ovalada
Trucha	Frito	Popietas	Cilíndrica
Bacalao	En costra	Filetes	Rectangular/alargada
Mero	Al vacío	Goujones	Rectangular
		Pesc.Ración	Rectangular/alargada
		Piezas grandes	Rectangular/alargada
		Brochetas	Dados, cubos
		Rouladas	Cilíndrica

Carnes

La carne, como parte integrante del conjunto de un plato, puede adoptar distinta forma y color, que será tenido en cuenta a la hora de presentar una elaboración culinaria.

La carne, al exponerse al fuego, como cualquier tipo de alimento, sufre cambios en su estructura, sabor, olor y coloración.

Dentro del grupo de las carnes están el ganado bovino, el porcino, el ovino, las aves, las carnes de caza menor y mayor, y los despojos. La presentación en el plato variará en función de:

- **Método de cocción:** son varios los métodos de cocción empleados: al horno, salteados, braseados, al vacío, estofados, etc. En función del plato o elaboración, su resultado dependerá de la especie, calidad, etc. Su forma y coloración dependerán también del método de cocción.
  Por ejemplo, una pechuga de pollo asado, tendrá distinta forma y color que una rulada de pollo rellena de setas, cocinada al horno a calor mixto. Su aspecto exterior será muy distinto.
- **Forma o tipo de corte:** cada especie animal, por tamaño y características, permitirá una serie de cortes diferentes, en incluso piezas de ración, lo que, trasladado al plato, dará formas distintas.
  Por ejemplo, una codorniz rellena entera se dispone en un plato de manera distinta a una codorniz en cuartos (dos pechugas, dos muslos). A la hora de montar el plato podremos realizar más combinaciones.
- **Tonalidad de la carne:** se pueden encontrar carnes blancas y rojas, con distintas tonalidades en cada grupo, dependiendo de elementos tan variados como la alimentación del animal, la edad, o el método de cocción, lo que, a la hora de realizar el montaje, debe ser tenido en cuenta.

Mariscos

El marisco, dentro de los distintos tipos que nos permite su clasificación y cocinado, nos permite también presentaciones muy vistosas y apreciadas por el comensal, con un alto valor gastronómico.

Su color, en muchos casos, es indicativo de su frescura y calidad. Asimismo, la variedad en su forma da lugar a interpretaciones muy distintas a la hora de ser dispuesto sobre un plato o soporte, creándose un abanico muy amplio de presentaciones.

Así, entre otros, se pueden encontrar:

Bígaros	Ostras	Almejas	Vieiras
Navajas	Calamar	Sepia	Pulpo
Erizo de mar	Carabinero	Gambas	Langostinos
Langosta	Bogavante	Buey de mar	Centollo

Postres

Los postres son un grupo en el que la variedad de sabores y colores van a permitir muchas posibilidades, en cuanto a su combinación.

Es muy importante su equilibrio en el sabor. En los últimos años, el mercado ofrece la posibilidad de encontrar moldes con formas muy diversas. También su presentación en distintos soportes ha impulsado su vistosidad y calidad en la presentación.

Frutas

Las frutas nos aportan su frescura, su colorido, sus sabores (dulces, ácidos, etc.), sus formas y sus cortes. Siempre han sido un elemento importante en la presentación de un bufé.

Cuando se combinan con otros ingredientes, aportan sus características.

Debido a la gran variedad de productos que se obtienen de las distintas carnes, a modo de resumen se hablará de diferentes grupos, formas o cortes, los más representativos y de manera muy general:

Solomillo de cerdo, ciervo o jabalí

Solomillo de ternera o buey (grandes piezas)

Piernas de cordero o chivo lechal, liebre o conejo

Chuletillas de cordero y chivo lechal, cochinillo o conejo

Chuletas de cerdo, ciervo o jabalí

Lomo de distintos animales

Pechuga de aves

Muslos de aves

Piezas rellenas

Distintas piezas

Hígados y riñones

○ **Solomillo de cerdo, ciervo o jabalí:** puede ser cortado en lonchas, medallones, servirse entero, etc. Su forma será plana, cilíndrica, alargada, etc.

- **Solomillo de ternera o buey (grandes piezas):** puede ser cortado en lonchas para *carpaccios,* en *brunoise* para *steak tartar,* medallones, filetes, etc. Su forma será plana, dados pequeños, cilíndrica, etc.
- **Piernas de cordero o chivo lechal, liebre o conejo:** se pueden presentar enteras, con hueso o deshuesada, etc. Su forma puede ser alargada, cilíndrica, etc.
- **Chuletillas de cordero y chivo lechal:** puede presentarse el chuletero entero o bien en unidades. Su forma es parecida al de una D / d. Si se presentan sin hueso, parecido a una O.
- **Chuletas de cerdo, ciervo o jabalí:** pueden presentarse individuales, con o sin hueso. Su forma es parecida a una D / d.
- **Lomo de distintos animales:** se puede cortar en medallones, filetes, tiras, dados, etc. Su forma varía entre plana, cilíndrica, en cubos, rectangular, etc.
- **Pechuga de aves:** pollos, patos, codornices, perdices, etc. Se pueden presentar enteras, en filetes, rellenas, en escalopes. Su forma será alargada, en dados, plana, etc.
- **Muslos de aves:** pollos, patos, perdices, etc. Se pueden presentar enteras, rellenas, con o sin huesos. Su forma será cilíndrica, alargada, en forma de P.
- **Piezas rellenas:** de ternera, aves, caza. Se pueden presentar, según el caso, enteras o en forma cilíndrica.
- **Distintas piezas:** babilla, papada, cabezada, etc. Se obtienen filetes o trozos para guisado. Su forma será plana o en forma de dados.
- **Hígado y riñones:** dependiendo del animal, enteros, cortados, en forma de rellenos, en la composición de patés, etc. Forma de escalope o rectangular (en patés).

Sensaciones y sentidos

Se define sensación como la "impresión que las elaboraciones en su conjunto (ingredientes, soportes, colores, sabores y formas) nos causan por medio de los sentidos".

En el caso de una pintura o una obra de teatro, las emociones y sensaciones se transmiten a través de los sentidos. Lo mismo ocurre con la cocina: esta información llega a nuestro cerebro a través de los sentidos.

De esta manera, puede ser causada por un solo elemento o la combinación de varios, por aquellos que percibimos por uno o más sentidos.

Siguiendo el recorrido de un plato desde que el cocinero lo elabora hasta que se sirve al cliente, se puede establecer el siguiente recorrido a través de los sentidos del comensal:

➲ **La vista:** es el primer contacto que establece el cliente con una elaboración. Esa primera impresión predispone al usuario e influye en su aceptación final. Identificación del producto. Cuando un plato se presenta en una mesa, el primer sentido que interviene es la vista. Identificamos el producto, apreciamos los detalles de su composición, vemos cómo se presentan sus elementos, su colorido. A través de la vista obtenemos información sobre el tipo de comida.

➲ **El olfato:** participa en gran medida a la hora de captar el sabor de los ingredientes o platos. Nos ayuda a reconocer los alimentos (como hierbas aromáticas y especias) que poseen un aroma característico. Estado de los alimentos. El siguiente sentido que entraría en juego sería el olfato. Nos permite sentir los aromas de los diferentes ingredientes o su conjunto. El olfato también es un indicador del mal estado de un producto y también prepara los jugos gástricos que hacen posible la digestión de los productos.

➲ **El tacto:** podemos diferenciar texturas. El tacto es importante en el cocinero. A través de él, por ejemplo, en determinadas ocasiones, podemos saber si un producto está fresco o no. Temperaturas. Las características que se aprecian por el tacto se basan en la diferenciación de las texturas y temperaturas.

➲ **El oído:** el menos aplicado por el cliente a la hora de describir sensaciones. Sonido de ciertas texturas en la boca (crujientes). El oído es el sentido que menos participa, pero en texturas como esponjas o crujientes, suele entrar en juego.

➲ **El gusto:** a través de este sentido describimos los sabores, sus matices, la sensación de frío, de calor, de frescor, crujiente, etc. Apreciación de la armonía y contraste de sabores. Es evidente, que el sentido que cobra mayor importancia a la hora de comer, es el gusto. Normalmente, la percepción por este sentido es muy distinta entre los comensales. Un cliente puede notar un producto salado, picante, o quizás demasiado dulce, sin embargo, para la persona que se sienta en otra mesa puede encontrarse a su gusto.

3.4. Experimentación y evaluación de posibles combinaciones

En este apartado, se van a realizar varias pruebas y a analizar sus combinaciones, experimentando con varias elaboraciones de:

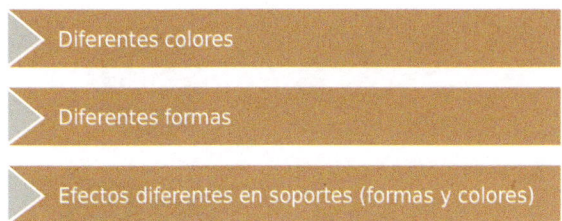

> Diferentes colores

> Diferentes formas

> Efectos diferentes en soportes (formas y colores)

Para ello, se van a utilizar platos de diferentes formas (redondos, cuadrados, rectangulares, etc.) y distintos tamaños. También se puede probar con platos de diferentes colores.

Se van a preparar algunas elaboraciones rápidas, sencillas y fáciles de realizar, para probar y experimentar con sus colores y sobre los soportes. Se analizará el efecto que causa la combinación de los anteriores elementos.

RECETA

Crema de espinacas (Receta 1)

Ingredientes

- 200 g de espinacas
- 3 dientes de ajo
- Sal
- Aceite de oliva V.E.

Elaboración

- Se cortan los ajos en *brunoise*.
- Se ponen en una sartén con aceite de oliva.
- Se lavan bien las espinacas, se escurren y se cortan un poco.
- Se incorporan a la sartén y se saltean y sazonan.
- Se retira del fuego y se tritura con *tourmix*.
- Es posible ayudarse con un poco de caldo o agua, para conseguir la textura deseada.

Esta preparación se va a utilizar para poner un círculo en el plato y crear contraste con otros elementos. Se va a ver como resulta en platos con distintas formas y colores, que se pueden encontrar en el mercado:

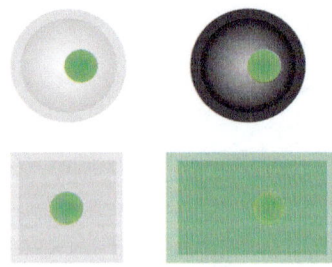

Disposición de la preparación en platos de diferentes formas y colores

Se ha utilizado:

Un plato redondo blanco
- Esta crema resulta de un color verde muy frío, pero puede ofrecer mayor sensación de espacio.

Un plato redondo negro
- En este plato también combina bien, pero no resalta tanto, y parece que el espacio ha empequeñecido, a pesar de tener el mismo tamaño.

Un plato cuadrado blanco
- Aquí combinamos las líneas redondeadas de la crema con las líneas rectas del plato. Resalta y llama la atención.

Un plato rectangular, de cristal verde y transparente
- El plato se queda muy pequeño, con muy poco espacio, son contrastes con tonos parecidos, no resaltando tanto.

RECETA

Mermelada de zanahoria (Receta 2)

Ingredientes

- 500 g de zanahorias
- 125 g de azúcar

Continúa en página siguiente >>

<< Viene de página anterior

Elaboración

- Se pelan las zanahorias, se enjuagan y se cortan. Se pone un recipiente al fuego.
- Se incorporan las zanahorias.
- Se incorpora el azúcar, en proporción de ¼ o ½ del peso de las zanahorias, dependiendo del dulzor deseado.
- Se deja cocinar hasta que esté blanda.
- Es posible ayudarse con un poco agua.
- Se tritura y se deja muy fina.

Se va a realizar la misma operación, pero esta vez con la zanahoria.

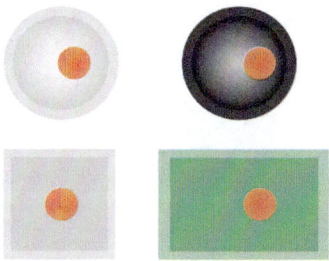

Disposición de la preparación en platos de diferentes formas y colores

Se ha utilizado:

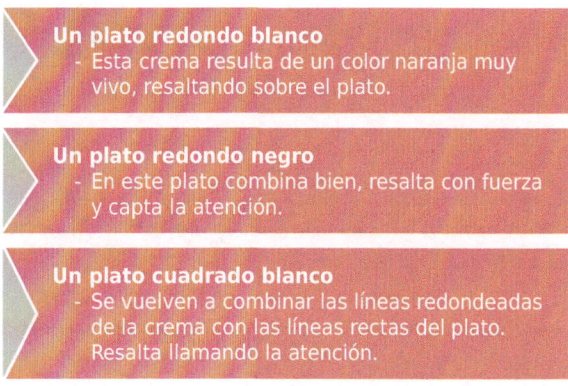

Un plato redondo blanco
- Esta crema resulta de un color naranja muy vivo, resaltando sobre el plato.

Un plato redondo negro
- En este plato combina bien, resalta con fuerza y capta la atención.

Un plato cuadrado blanco
- Se vuelven a combinar las líneas redondeadas de la crema con las líneas rectas del plato. Resalta llamando la atención.

Continúa en página siguiente >>

<< Viene de página anterior

> **Un plato rectangular, de cristal verde y transparente**
> - Ofrece una combinación de color frío (verde) y caliente (naranja), que podría dar resultado, pero dependiendo de los siguientes elementos.

Analizando estas dos combinaciones, nos encontramos con los mismos soportes. El verde de la crema de espinacas es un color frío, más apagado. Sin embargo, la crema de zanahorias, con tonos calientes, da sensación de fuerza, de vitalidad, destacando sobre manera.

A continuación, se va a integrar un elemento más, un cilindro de calabacín, que perfectamente podría estar relleno.

Se corta el calabacín con forma cilíndrica, se vacía con ayuda de una cucharilla vaciadora y, por último, se cuece en ebullición o al vapor. Posteriormente, hay que recordar enfriarlo, para cortar la cocción y para que mantenga su color.

Se va a incorporar este calabacín a la última combinación.

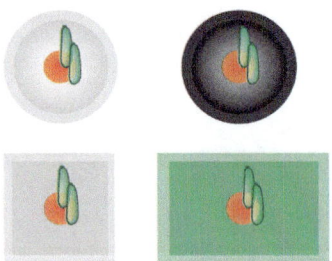

Disposición de la preparación en platos de diferentes formas y colores

El resultado, en los tres primeros platos, resulta más atractivo, capta un poco más la atención. En función de los siguientes elementos es posible decantarse por uno u otro plato.

👁 EJEMPLO

Si se añade un poco de aceite, quizás se pueda resaltar más en los platos blancos que en el negro, a no ser que lo texturicemos un poco, y sea de un color vivo que capte la atención.

Lo mismo ocurre si se decide añadir unas verduras crujientes para decorar.

Por ejemplo, un crujiente de yuca, cortado como la patata paja, y frito, nos aportará el color blanco dorado, que quizá destaca un poco más sobre el plato negro que sobre el blanco.

- -

A continuación, se va a experimentar con el contraste del blanco y el negro.

Plato con crema suave de ajos

Plato con mahonesa de tinta de sepia

Se aprecia claramente el contraste de blanco y negro y cómo blanco sobre blanco, o negro sobre negro, en principio, no resultan tan llamativos.

Se va a incorporar un segundo elemento que nos aporte otro color, en este caso arroz al azafrán, que hará las veces de guarnición. Se le puede dar forma de *quenelles,* con un timbal, cortapastas, etc.

*Disposición de la preparación en
platos de diferentes formas y colores*

En principio, destacan más los platos que combinan blancos y negros, aunque todo es cuestión de gustos, tanto por parte de la persona que crea, como de la sensación que se le transmite al cliente.

En muchos casos, cuando se conoce o se lee el nombre de un plato, se haya probado o no, lo más seguro es encontrarse predispuesto a encontrar en el mismo una serie de sabores y aromas. Se tiene una idea de ese plato.

Por ejemplo, si se piensa en un postre, una espuma de limón o fresas, se piensa en su color, se imagina amarillo en el primer caso y rojo en el segundo (colores del limón y de la fresa).

Sin embargo, cuando realizamos estas elaboraciones y efectuamos una mezcla de ingredientes varios, el resultado se encuentra un poco lejos de lo imaginado en un principio, pero no por ello lejos de un buen resultado.

El color rojo del concentrado de fresas para la espuma, se ve atenuado con la mezcla de merengue y nata semimontada, dando lugar a una elaboración de color rosáceo, lejos de lo que imaginábamos en un principio, pero de un sabor exquisito a fresas. Ocurriría lo mismo con el limón.

De ahí el empleo de colorantes de uso alimentario, que, sobre todo en los postres, se utilizan para realzar el color, en la mayoría de los casos de manera excesiva, lo que confiere al producto final un color artificial, aunque su sabor sea exquisito.

Por eso es de suma importancia mantener un equilibrio entre color y sabor, ya que una coloración excesiva puede provocar el rechazo de una elaboración óptima, lo mismo que si la proporción de colores es pobre y poco atrayente.

TAREA 4

Lucía quiere incluir en la carta dos platos nuevos, uno utilizando como elemento principal el pulpo, y otro utilizando como elemento principal entrecot de ternera.

Por ello, deberás idear el diseño y presentación de cada uno de los platos, indicando los elementos que acompañarán al género principal y los motivos de decoración que utilizarás. Deberás representar dicho diseño mediante un boceto, seleccionando para ello las técnicas gráficas adecuada.

- -

TAREA 5

Además de los platos de la tarea anterior, Lucía quiere incluir en la carta un nuevo plato cuya base sea el arroz. Por ello, deberás realizar el diseño y boceto de un plato de arroz, el cual enviarás al tutor, para a continuación llevarlo a la práctica realizando una grabación en la que elaborarás y presentarás dicho plato, aplicando los motivos decorativos según el diseño y utilizando las materias primas necesarias.

- -

4. Resumen

Hasta llegar a la presentación y decoración de un plato, dependiendo del tipo de cocina que se realiza en cada establecimiento hostelero, se ha ido siguiendo un proceso con una serie de indicaciones a tener en consideración.

Para ello, se ha hablado en un principio de las cualidades organolépticas, sabores, combinaciones base, etc., para las formas y colores en la decoración y presentación de elaboraciones culinarias.

Se ha hablado a continuación de la técnica del color en la gastronomía, se ha tratado el tema del contraste y de la armonía y se han abordado el sabor, el color, las formas y las sensaciones.

Asimismo, se ha explicado cómo influyen las formas y los colores en la presentación, los distintos efectos que podemos obtener.

Ejercicios de autoevaluación
Unidad de Aprendizaje 2

1. Identifica que propiedades de los alimentos son percibidas a través de los sentidos.

   a. El color y sabor
   b. El olor
   c. La textura
   d. Todas las opciones son correctas.

2. ¿Cuáles son los colores secundarios?

   a. Rojo, amarillo y azul
   b. Rojo, amarillo y verde
   c. Verde, naranja y violeta
   d. Verde, amarillo y azul

3. ¿A qué tipo de contraste corresponde la siguiente definición?: "Resultado obtenido al utilizar diferentes tonalidades, que son superpuestas unas sobre otras".

   a. Contraste blanco y negro
   b. Contraste por superficie
   c. Contraste simultáneo
   d. Contraste de saturación

4. A través del sentido del gusto describimos los sabores, ¿qué otro sentido participa a la hora de captar el sabor de los alimentos?

   a. El tacto
   b. El oído y la vista
   c. El olfato
   d. Ninguno u otro sentido

5. ¿Qué forma se atribuye a una popieta de pescado?

   a. Forma cilíndrica
   b. Forma ovalada

c. Forma triangular

d. Forma rectangular

6. En la presentación de los platos es posible optar por:

a. Una composición asimétrica

b. Una composición en cuadrado

c. Una composición circular y dispersa

d. Todas las opciones son correctas.

7. La temperatura idónea de la vajilla para emplatar una elaboración caliente estará en torno a:

a. 30 °C

b. 45 °C

c. 55 °C

d. 65 °C

8. El olor, ¿puede servir como señal a la hora de apreciar la calidad de un alimento?

a. Sí

b. No

c. Solo para alimentos cocinados

d. Solo para alimentos servidos calientes

9. La función principal de una guarnición es:

a. Decorar el plato.

b. Complementar y potenciar el ingrediente principal al que acompaña.

c. Minimizar costes de elaboración.

d. Todas las afirmaciones son falsas.

10. Una cocción excesiva en la elaboración de cremas realizadas a base de verduras, propicia:

a. Un sabor y color más intenso

b. La aparición de colores oxidados o grisáceos

c. Una textura más fina
d. Mayor aceptación por parte del comensal

Aplicación práctica de presentación y decoración de platos

Contenido

Objetivos

El objetivo general de esta Unidad de Aprendizaje es:

→ Aplicar técnicas de presentación y decoración de platos considerando la tipología de los productos.

Los objetivos específicos de esta Unidad de Aprendizaje son:

→ Realizar los motivos decorativos de acuerdo con el modelo gráfico diseñado u otras fuentes de inspiración.

1. Introducción

En ocasiones, se puede encontrar que la decoración de los platos se ve afectada por el tipo de servicio, el tipo de cocina y el número de comensales, no dándose en diferentes situaciones la misma categoría de decoración.

Por ello, se va a realizar un recorrido por los distintos tipos de elaboraciones y servicios más comunes en los establecimientos de restauración, incluyendo los formatos de presentación y decoración más usuales en los mismos según el tipo de gastronomía ofrecida, diferenciando entre cocina regional, internacional y de mercado, entre otras.

Ten presente que cada establecimiento hostelero tiene definido el tipo de cocina que se realiza en él, por lo tanto, la presentación y decoración de un plato estará en consonancia con el tipo de establecimiento, cocina y cliente a quien va dirigido. No obstante, de forma general en todos los tipos de establecimiento deben prevalecer una serie de normas y directrices, comunes a todos ellos, a fin de alcanzar el mejor resultado.

Para conocer estas pautas continuaremos observando a Lucía, trabajadora del restaurante Lienzo, que consciente de la importancia de una correcta presentación y decoración de platos se planteará la inclusión de algunas de las tendencias presentadas en el último de los congresos gastronómicos a los que ha asistido.

2. Presentación de platos regionales

☞ HILO CONDUCTOR

Lucía acaba de terminar una elaboración muy popular en la localidad donde se ubica el restaurante por pertenecer a la cocina regional de la zona. Se trata de un *marmitako* de atún. Para su presentación, Lucía coloca varios trozos de atún en un plato sopero y varios trozos de patata confitada. A continuación, para complementar el colorido del plato, coloca algunos tomates secos cortados en juliana y un poco del jugo obtenido de la cocción del atún, completándolo con una tira fina de cebollino. Por último, se asegura de que los bordes del plato no tienen ninguna mancha y está listo para servir al cliente.

La cocina regional es la cocina de los pueblos, que emana de la sabiduría popular, que con el paso de los años han sido capaces de sacar lo mejor de cada lugar y mejorar día a día sus platos. Alimentada por una enorme riqueza antropológica y cultural en cada lugar, influenciada por la climatología y las costumbres de sus gentes, se puede afirmar que difícilmente hay una comarca o pueblo que no destaque por la excelencia o calidad de un producto o de un plato.

No obstante, determinar una técnica decorativa o de presentación de platos en base a este principio (platos regionales) debe contemplar, no solo la singularidad del lugar, sino también el tipo de establecimiento, y cliente al que va dirigido. No obstante, en todo caso debe prevalecer una serie de normas y directrices, siendo importante destacar las siguientes:

- **Higiene:** en todo caso se debe perseguir la implantación de técnicas de higiene adecuadas, cumpliendo con las exigencias normativas.
- **Manipulación:** la manipulación de los alimentos debe garantizar un uso y aprovechamiento adecuado de las materias primas.
- **Trazabilidad:** imponer un tratamiento correcto de la materia prima desde su lugar de procedencia hasta su elaboración, presentación y servicio.
- **Técnica culinaria:** aplicar la técnica culinaria y tiempo correspondiente en función del producto y sus características.
- **Calidad:** perseguir la calidad de los procesos, minimizando los tiempos de servicio, conservación o exposición.
- **Producto:** apostar por productos frescos, de temporada y de la zona.

La presentación de los platos regionales hacen gala a tantas iniciativas y tipos como regiones se pueden diferenciar, por tanto, no es posible idealizar un único tipo de presentación. No obstante, la singularidad de algunas iniciativas, las hacen propias, siendo ejemplo las siguientes elaboraciones:

Pulpo a la gallega

Crema catalana

Continúa en página siguiente >>

<< Viene de página anterior

Paella / Empanada gallega

- **Pulpo a la gallega:** su presentación tradicional requiere del uso de un plato de madera tratada, con forma redondeada, en el que se dispone una base de patatas (cachelos), el pulpo cocido y aliñado con aceite, sal y pimentón. Siendo el colorido del pulpo, así como el aliño utilizado, parte de los elementos decorativos de esta elaboración.
- **Crema catalana:** su presentación tradicional requiere del uso de un recipiente circular, de barro, estrecha y de diámetro variado. Esto permite que su característico caramelizado ocupe una mayor superficie. A su vez, la aplicación de calor sobre el recipiente, no supondrá un riesgo.
- **Paella:** su presentación tradicional se llevará a cabo en el recipiente de elaboración, pudiéndose diferenciar distintos diámetros, en base al número de raciones a cubrir. En todo caso, y atendiendo a la tradición, son elementos decorativos utilizados en su presentación, los gajos y/o coronas de limón, así como la disposición ordenada de parte de sus ingredientes de elaboración/guarnición.
- **Empanada gallega:** su presentación tradicional hace que tenga forma redondeada, mostrando un orificio coronado, que además de facilitar la salida del vapor durante la cocción, le da un aspecto característico. A su vez, el uso de tiras de masa y el entrelazado utilizado para sellar la preparación son elementos que le aportan singularidad a esta preparación.

NOTA

Además de las elaboraciones, descritas, ten presente que existen singularidades propias en el uso de elementos característicos como pueden ser los cartuchos de papel de estraza para el servicio de pescados fritos, o el empleo de cintas vegetales para el anudado de rosquillas.

ACTIVIDAD COMPLEMENTARIA

2. Busca información sobre la presentación y decoración típica de algunos de los tipos de arroces elaborados en paella, como por ejemplo, el arroz con costra o el arroz a banda, entre otros.

3. Presentación de platos internacionales

 HILO CONDUCTOR

Para aumentar la oferta del restaurante, Lucía ha ideado un menú rotativo, en el que cada semana se ofrecen platos de una nacionalidad específica. La primera de las semanas se va a apostar por la comida mexicana, en la que el servicio de Cochinita Pibil ha tomado gran protagonismo, sirviéndose envuelta en hojas de plátano.

La cocina internacional es la cocina de los distintos países, elaborada con sus productos típicos o característicos, dando lugar a elaboraciones o platos que identifican a cada país, donde se reflejan rasgos culturales, geográficos, climáticos, etc. Estos platos son reconocidos como característicos en otros países e identifican la cocina de cada país.

Servir elaboraciones culinarias propias de otras culturas, no solo requiere el uso de técnicas e ingredientes característicos, sino que también, es fundamental contemplar el tipo de servicio y presentación que requiere. Así, un ejemplo singular y básico queda representado en la pizza, con su forma redonda o las quesadillas con su forma de media luna.

La internacionalidad de los platos hace a su vez, que tanto la forma de consumo como servicio sea singular, siendo otra de las señas de identidad. Así, por ejemplo, la cocina oriental, hace uso habitual de cortezas, hojas, pétalos y raíces propias de las zonas de procedencia.

Presentación de sashimi de pescados

Del mismo modo, la presentación de algunas de las elaboraciones internacionales, pueden ser llevadas a cabo en su recipiente de cocinado. Así, el uso de las vaporeras de bambú para la presentación del pan *bao* o el uso del tayín en la presentación del guiso tradicional asociado a la cocina del norte de África.

La vaporera de bambú utilizada en la presentación gastronómica hace referencia a la cocina oriental.

NOTA

La sofisticación en la decoración de elaboraciones o platos de procedencia internacional es una nota generalizada.

---

4. Presentación de platos de cocina de mercado

☞ HILO CONDUCTOR

Lucía ha encontrado hoy en el mercado unos champiñones de muy buena calidad, por los que va a ofrecerlos como parte de las sugerencias del día, bien, salteados o simplemente, laminados y aliñados. Dos opciones, que sin duda tendrán muy buena aceptación.

Este tipo de cocina se fundamenta en productos autóctonos y de temporada, por lo que encontramos el producto en su mejor momento para ser procesado y consumido. Todos estos tipos de cocina deben tener algo en común: la calidad y excelencia del producto o ingrediente con el que se elabora un plato. Este ingrediente es procesado en el momento óptimo, tanto si se habla de cocina de mercado como de cualquier otra.

En este tipo de cocina, el producto, es el elemento principal, siendo utilizado en sí mismo como elemento decorativo. La viveza o frescura de los ingredientes, permiten presentarlos al cliente de forma previa, propiciando su consumo, así como utilizarlos como elemento decorativo en su presentación final.

La cocina de mercado debe perseguir la improvisación e inmediatez, lo que se debe reflejar también en su presentación, incluyendo elementos frescos, con cocciones rápidas, así como decoraciones simples, en lo que elementos como las hierbas aromáticas, brotes y flores juegan un papel importante.

No obstante, dentro de la cocina de mercado es posible indicar unas pautas generales en base al tipo de elaboración, comercialización y tipo de servicio las generalidades expuestas a continuación.

En la cocina de mercado, el ingrediente es el elemento protagonista.

4.1. Presentación en base al tipo de elaboración

Según el tipo de cocción aplicada, el tipo de alimento o el tipo de plato, las guarniciones y presentaciones de los mismos variarán en función de sus necesidades. No puede acompañarse de forma similar una ensalada fría que una sopa caliente. Por ello, se desarrolla cada tipo de elaboración con las formas más usuales de acompañamiento.

Aperitivos

Este tipo de elaboración se usa principalmente para abrir el apetito, en calidad de tentempié.

Los aperitivos son elaboraciones en pequeñas cantidades que se deben preparar con la idea de ser comidos en uno o dos bocados como mucho, para no provocar la pérdida de apetito en el cliente, que luego debe consumir el resto de platos del menú.

En la elaboración de los aperitivos se pueden encontrar con dos tipos principalmente:

- ◗ **Aperitivos fríos:** los aperitivos fríos, como su propio nombre indica, se componen de elaboraciones o productos servidos fríos. Para la decoración de este tipo de aperitivos se pueden usar diferentes elaboraciones, como los crujientes de verduras, aceites aromatizados, brotes, hojas y tallos.

Ejemplo de variedad de aperitivos fríos

○ **Aperitivos calientes:** este tipo de elaboraciones son, al igual que los aperitivos fríos, elaboraciones culinarias que se sirven en pequeñas cantidades, pero, en este caso, calientes. Su presentación suele apoyarse en el uso de cremas y salsas, que además facilitan su consumo.

Ejemplo de servicio de aperitivo caliente

 **NOTA**

Independientemente de la temperatura de servicio y consumo, los aperitivos deben presentarse en formato pequeño, en ocasiones de un solo bocado.

Ensaladas

Una ensalada es un conjunto de alimentos (verduras, frutas, legumbres, pescados, mariscos, etc.) que, en consonancia en cuanto a color, sabor y olor, forma una única unidad.

Las ensaladas pueden ser clasificadas en base al número de ingredientes, como: ensaladas simples y ensaladas compuestas; pudiendo utilizarse en todo caso elementos de aderezo.

En cuanto a la temperatura con la que se consuman sus ingredientes, se diferencia entre ensaladas frías y ensaladas templadas.

En todo caso, su presentación debe mostrar frescura y viveza, siendo la amplia variedad de colores y texturas de sus ingredientes y salsas de acompañamiento parte de su decoración.

El colorido de los ingredientes posibilita la decoración de este tipo de elaboraciones.

Sopas, cremas y potajes

Siendo elementos líquidos, las sopas, cremas y potajes, tienen como elemento decorativo sus propios ingredientes de elaboración, pudiendo ser además guarnecidas con otros productos (picatostes, tallos, flores, hojas...), aportándole colorido, viveza y frescura.

Su presentación puede verse complementada con el empleo de un servicio a la inglesa, presentando el plato junto con su guarnición, para a continuación incluir el caldo. Como elemento decorativo, las sopas y cremas pueden ser complementadas a su vez con el uso de reducciones y aceites.

Crema en la que su guarnición se utiliza como elemento decorativo.

Por su lado, los potajes, tienen como principal elemento decorativo, parte de los ingredientes utilizados en su ejecución, dispuestos de forma ordenada, pudiendo a su vez presentar cortes o torneados específicos.

Guiso, en el que sus ingredientes de elaboración, se disponen como elemento decorativo para el servicio.

Pastas

El servicio de la pasta puede ser llevado a cabo como plato frío o caliente, siendo el mismo formato dado a la pasta, junto con las salsas y condimentos utilizados en su elaboración, los elementos que propician una decoración y presentación singular. Además del formato, los ingredientes utilizados para la pasta, influyen sobre su color, siendo otra nota a tener presentes frente a las necesidades de presentación.

Finalmente, otro elemento que facilita una presentación singular en torno a los platos con base de pasta se relaciona con la técnica de gratinado, así como el uso de crujientes.

Ejemplo de pasta gratinada

Pescados y carnes

Los pescados y las carnes ofrecen un amplio abanico de presentaciones gracias a las numerosas cocciones y cortes que permiten. Se pueden encontrar platos de pescado o carne en salsas, en guisos, secos, a la plancha, al horno, fritos, etc.

En el caso de los guisos, se pueden presentar sirviendo el pescado o la carne junto con las verduras en un plato sopero y su caldo en un decantador.

Por otro lado, un pescado o carne en seco se puede presentar guarnicionada con cremas y purés, además de con una parte sólida, como puede ser un salteado de verduras, arroces o pastas. Además, se le puede dar un toque más crujiente acompañándolo también de crujientes, toques más espumosos con aires, etc.

La variedad de pescados y carnes, así como cortes y técnicas de elaboración facilitan infinidad de presentaciones.

 **TAREA 6**

Las cremas, sopas y potajes tienen una baja aceptación por parte del comensal. A fin de propiciar su venta se decide aplicar algún cambio en su servicio y presentación. Sin modificar las recetas o fórmulas utilizadas tradicionalmente para estos tipos de elaboraciones. Identifica que otras decisiones puedes tomar.

Justifica tu respuesta.

- -

Postres

La presentación y decoración de los postres toma un especial interés descriptivo, ya que condicionan de forma directa su identificación.

Así, por ejemplo, una tarta de San Marcos, indica en su decoración, la necesidad de uso de una cubierta a base de yema de huevo y almendra laminada tostada para sus cantos. Es decir, su decoración y presentación queda determinada por los elementos utilizados para su confección.

La reconocida como tarta Ópera indica no solo los ingredientes y terminación en cubierta, sino también su formato.

Además de las ya citadas como tartas, existen múltiples elaboraciones servidas como postre, siendo ejemplo: *mousses,* semifríos, helados, sorbetes y granizados…, entre otros. Para su servicio y presentación en plato, es posible, el uso de cremas, coulis, hojas y tallos, virutas y granillos, mermeladas, frutos secos, fruta de pequeño formato y fruta cortada, así como todo tipo de elaboraciones: tejas, canutillos, peinas, tulipas, natas, quenefas, etc., sin olvidar a su vez, elementos de naturaleza no comestible representados por pequeñas figuras.

Ejemplo de montaje del postre denominado Melocotones Melba

IMPORTANTE

El uso de elementos decorativos en la presentación de un postre perseguirá realzar el producto presentado y no tapar o cubrir posibles imperfecciones o irregularidades.

- -

ACTIVIDAD COMPLEMENTARIA

3. Busca información sobre elaboraciones culinarias que requieran de una presentación y decoración específica, en base a su tradición, normativa, nombre propio...

- -

APLICACIÓN PRÁCTICA

La carta del establecimiento donde trabaja Lucía presenta elaboraciones tales como: pulpo a la gallega, crema catalana o arroz a banda, entre otras. Todas ellas servidas de forma tradicional. Esto hace que al cliente le surjan una serie de preguntas, tales como:

- **¿El pulpo a la gallega incluye el pimentón entre sus ingrediente?**
- **¿Es posible eliminar el azúcar en la crema catalana?**
- **¿La tarta ópera es la que presenta en su cubierta una crema de huevo?**

Ayuda a Lucía a conocer la respuesta de cada pregunta.

Solución

En cuanto al uso del pimentón para el servicio del pulpo a la gallega, indicar que es necesario, así como el aceite de oliva y la sal, siendo elementos, que además de ofrecer una presentación y decoración característica, forma parte de sus ingredientes.

Continúa en página siguiente >>

<< Viene de página anterior

En cuanto a la presencia de azúcar en la crema catalana, indicar que es posible el uso de edulcorantes para formular la crema, pero las necesidades del quemado de su superficie hacen que sea necesario el uso de azúcar.

Finalmente, la tarta con nombre propio, que tiene como cubierta la crema de huevo es la tarta San Marcos. Por su lado, la tarta Ópera además de presentar un formato característico, su cubierta es de un preparado a base de chocolate.

4.2. Presentación en base a su comercialización y servicio

Pese a que de forma tradicional, es posible identificar unas pautas y metodología de servicio específicas, las necesidades organizativas y filosofía del establecimiento, o incluso, el tipo de clientela para el que se refiere la oferta, hace necesario establecer unas pautas de actuación singulares a fin de aportar un valor añadido al producto y con ello, conseguir una mayor aceptación por parte del cliente.

Tradicionalmente el servicio de bufé ha sido emblema de decoración y presentación.

Dos de los criterios que pueden determinar el tipo de presentación y decoración de un plato se relacionan con la composición del menú ofertado y con el tipo de servicio indicado para su presentación al cliente, ambos aspectos descritos a continuación:

⮑ **Composición del menú:** la formulación de un menú debe considerar el número de pases o servicios a fin de ajustar la cantidad a servir. Así, mientras que para un menú estándar (compuesto de un entrante, un plato principal y un postre) todo pase suele incluir elemento principal (a la derecha) y guarnición (a la izquierda), con pesos de entre 150 y 300 g para el elemento principal y entre 50 y 75 g para la guarnición, considerando a su vez la adición de salsas, normalmente servidas aparte, los denominados menús degustación no indican un orden o indicación específica, sino que obedecen a la interpretación personal del autor, facilitando una propuesta que normalmente rompe con lo establecido.

⮑ **Tipo de servicio:** la modalidad de servicio es determinante en base a las necesidades de presentación y decoración. Es posible diferenciar entre:

   ᴂ **Servicio a la americana:** se trata del servicio de alimentos emplatados desde cocina, lo que permite una presentación cuidada y sofisticada, con elementos, en algunos casos casi efímeros (espumas, aires…).

   ᴂ **Servicio a la francesa:** la importancia en cuanto a decoración y presentación de los alimentos a servir recae en la preparación de la bandeja de servicio, siendo el personal de servicio el que ofrezca y sirva a cada comensal los alimentos a consumir bajo su petición. La destreza del personal de sala es fundamental en este caso, aportando un valor añadido a la presentación individualizada.

   ᴂ **Servicio a la inglesa:** al igual que en el servicio a la francesa, la decoración y exposición de los alimentos en las bandejas de servicio toma un protagonismo especial, debiendo asegurar tanto una correcta disposición, como facilitar la gestión del servicio por parte del comensal, ya que será él, el encargado de servirse los alimentos a consumir.

   ᴂ **Servicio en gueridón o a la rusa:** la decoración y disposición de los alimentos en este caso juegan un papel fundamental, ya que no solo se requiere imponer una decoración adecuada del plato, sino también, del gueridón, que incluirá tanto la materia prima a servir como los elementos necesarios para finalizar y servir el alimento.

   ᴂ **Servicio bufé:** el servicio de alimentos y bebidas en un bufé es uno de los más sofisticados. Así, tradicionalmente, la decoración y presentación de esta modalidad de servicio ha perseguido la ostentosidad, siendo característico el uso de grandes estructuras y elementos decorativos. La modalidad del bufé o tipo de evento para el que se organiza, es determinante en cuanto a su decoración y disposición, siendo los mismos alimentos dispuestos para consumo los que contribuyen con dicha decoración.

   ᴂ **Servicio cóctel (de pie):** es muy importante, recordar que todo producto servido en un cóctel debe facilitar su consumo, siendo fundamental imponer una disposición ordenada y coherente de los alimentos en los elementos utilizados para el servicio (bandejas, fuentes, platos), pudiéndose complementar a su vez con elementos decorativos en forma de pequeños ramilletes.

5. Resumen

Ten presente que no todos los platos requieren para su presentación y decoración la implantación de los mismos principios. A su vez, las distintas corrientes y modalidades de servicio de alimentos y bebidas plantean exigencias propias, que siendo determinativas para el aseguramiento de la calidad del producto deben plantear el cumplimiento de otros principios, como son la no contaminación del producto, y el aseguramiento de su calidad.

El uso de elementos decorativos puede estar relacionado con las costumbres de un lugar, el origen de la elaboración o incluso las corrientes o modas de un determinado periodo temporal. No obstante, sea uno u otro principio a considerar, en todo caso, la presentación de elaboraciones culinarias debe asegurar:

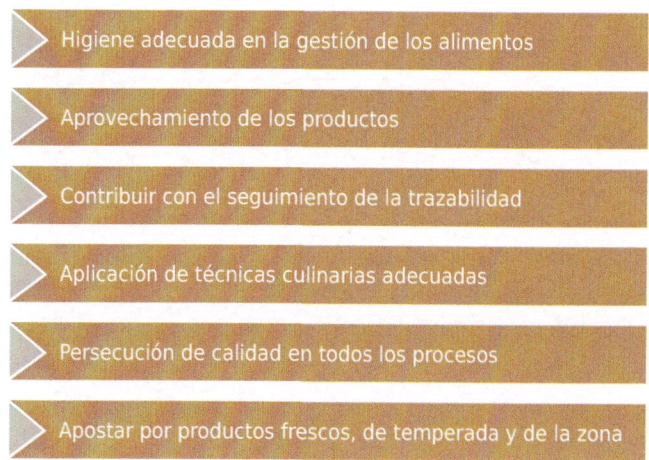

Higiene adecuada en la gestión de los alimentos

Aprovechamiento de los productos

Contribuir con el seguimiento de la trazabilidad

Aplicación de técnicas culinarias adecuadas

Persecución de calidad en todos los procesos

Apostar por productos frescos, de temperada y de la zona

En cuanto a los platos regionales indicar que muchos de ellos se rigen por las costumbres de un lugar, lo que propicia en algunos casos iniciativas singulares, siendo ejemplo elaboraciones como:

A su vez, y en base a la presentación de platos internacionales indicar que se hace necesario el uso de técnicas e ingredientes propios del lugar de origen, así como perseguir el uso de equipos, utensilios y materia prima propios. Esto reforzará la presentación, dotándola no solo de los ingredientes o técnicas de elaboración, sino de la tradición propia del lugar. Un ejemplo es el uso en vaporeras de bambú en el servicio de productos orientales o el uso de recipientes como el tayín.

La calidad y excelencia de producto, son señas de identidad de la cocina de mercado, por lo que su implantación requiere de un exhaustivo conocimiento de los productos autóctonos y de temperada. La presentación y decoración de este tipo de cocina (de mercado) no obedece a unas pautas específicas, no obstante su presentación y decoración puede relacionarse con el tipo de elaboración, diferenciando entre:

Finalmente, ten presente que la decoración y presentación de los platos también se verá afectada en base a la composición del menú u oferta y tipo de servicio.

Ejercicios de autoevaluación
Unidad de Aprendizaje 3

1. La presentación y decoración de un plato estará en consonancia con:

    a. El tipo de establecimiento.
    b. El tipo de cocina llevada a cabo.
    c. El tipo de clientela.
    d. Todas las opciones son correctas.

2. En la presentación de platos regionales se debe apostar por:

    a. La adquisición de productos frescos y de temporada.
    b. El uso de productos de la zona.
    c. El uso de ingredientes ultraprocesados.
    d. Las opciones a y b son correctas.

3. Identifica que producto no es propio del plato regional denominado pulpo a la gallega.

    a. Los cachelos
    b. El pimiento y la cebolla
    c. El aceite, la sal y el pimentón
    d. El pulpo

4. La presentación de platos internacionales debe reflejar:

    a. Los rasgos culturales, geográficos y climáticos del país que identifica el plato.
    b. Un mayor porcentaje de vitaminas y minerales.
    c. Las costumbres del país en el que se desarrolla la oferta gastronómica.
    d. La personalidad del cocinero.

5. En la presentación y decoración de platos orientales, es habitual el uso de:

    a. Cortezas, hojas, pétalos y raíces
    b. Distintos tipos de sales

    c. Salsas espesas y untuosas

    d. Elementos como el tayín

6. Tradicionalmente la presentación y decoración del arroz servido en paella, utiliza:

    a. Gajos y coronas de limón.

    b. La distribución ordenada de parte de sus ingredientes de elaboración/guarnición.

    c. Flores y brotes.

    d. Las opciones a y b son correctas.

7. Son adjetivos relacionados con la descripción de la cocina de mercado:

    a. Inmediatez

    b. Improvisación

    c. Temporalidad y calidad

    d. Todas las opciones son correctas.

8. En torno a formulación, presentación y decoración de ensaladas, se indica como correcto que:

    a. Los ingredientes sean presentados de forma individual. Nunca unificados en un mismo servicio o plato.

    b. Su presentación y decoración muestre frescura y viveza, pudiendo ser simples o compuestas, frías y/o templadas.

    c. El uso de aliños queda reservado para la decoración de las ensaladas simples.

    d. Las opciones b y c son correctas.

9. Identifica elementos utilizados en la presentación y decoración de las sopas y cremas:

    a. Reducciones y aceites.

    b. Sus propios ingredientes de elaboración.

    c. Elementos como picatostes, flores, hojas...

    d. Todas las opciones son correctas.

10. ¿Qué elemento toma especial protagonismo en torno a las necesidades de decoración y presentación para afrontar un servicio a la francesa o inglesa?

    a. Las bandejas de servicio.
    b. El proceso de cocción de los alimentos servidos.
    c. La disposición de los elementos de corte.
    d. La vitrina expositora refrigerada requerida para este tipo de servicios.

Glosario

Abrillantar

Cubrir cualquier producto con azúcar, almíbar o caramelo, con clara de huevo o grasas con el fin de hacerlo brillar.

Acanalar

1. Crear un borde con forma presionando el borde de una tarta con los dedos o con la hoja de un cuchillo. 2. Hace referencia al efecto decorativo que se obtiene en las pieles de frutas y hortalizas con un acanalado. Si se cortan en rodajas, los bordes quedan acanalados.

Ajoarriero

Guisado a base de bacalao, condimentado con ajo, aceite y huevo.

Al dente

Palabra italiana que significa "al diente". Describe las hortalizas o la pasta cocida que ofrecen una ligera resistencia al morderlas.

Albardar o bardar

Envolver trozos de carne magros con trozos de grasa (generalmente tocino) para que la carne quede jugosa y evitar que se queme seca con las altas temperaturas, resaltando y aromatizando así su sabor.

Aliñar

Condimentar, sazonar una preparación, por ejemplo una ensalada con salsa vinagreta.

Aliño

Aderezo.

Alioli (all i oli)

Salsa a base de ajo, aceite, huevo y jugo de limón con la misma consistencia de la mayonesa.

Almíbar
Jarabe, espeso o ligero a base de azúcar y agua.

Almidón
Fécula de raíces y semillas.

Aromatizar
Dar aroma o perfume a las preparaciones por medio de hierbas, licores, esencias, etc.

Arrebatar
Cocinar precipitadamente un alimento, de manera que queda quemado por fuera y crudo por dentro.

Áspic
Una gelatina límpida de pescado, ave o carne preparada con caldo clarificado o consomé y gelatina; se utiliza como base de platos moldeados o como glaseado de platos fríos. Definición para un plato a base de gelatina.

Aviar
Preparar de forma completa y correcta un ave para su cocción.

Ballotine
Carne, ave o pescado deshuesada, rellenada y enrollada; generalmente escalfada o braseada.

Bañar
Cubrir algo con una capa de salsa, caldo, crema o licor, mediante su inmersión en esta o untándolo con ella.

Baño maría
'Baño de agua caliente' que se prepara colocando una cacerola o cuenco con alimentos sobre un recipiente más grande de agua hirviendo. Se puede hacer en el horno o sobre el fuego. Poner a calentar platos delicados, como por ejemplo salsas, en el que han de conservar el calor o calentarse lentamente. El recipiente con la preparación se coloca de forma que no toque el fondo. El agua no ha de hervir.

Barba
Se encuentra en el borde exterior del manto de las conchas y debe quitarse la mayoría de las veces. En el caso de los mejillones, los filamentos del viso de sujeción, con los que estos animales se agarran al fondo. Se quitan antes de la cocción.

Blanquear

Sumergir frutas u hortalizas en agua hirviendo y después inmediatamente en agua helada para frenar la cocción, para desprender sus pieles, fijar su color y extraer los jugos amargos. Este proceso también reduce la sal en el tocino salado y otras carnes curadas.

Blanqueta

Guiso de ternera, volatería o conejo, en salsa de crema.

Bouquet garni

Atado de hierbas y productos aromáticos (de fácil remoción), que se usa generalmente en caldos, fondos o sopas.

Brasear

Dorar los alimentos en grasa, para después cocinarlos tapados en una pequeña cantidad de líquido aromatizado a fuego lento y durante largo tiempo.

Bridar

Amarrar, atar o coser las aves para cocinarlas.

Brunoise

Es el corte más pequeño de verduras en cuadradillos finos (aprox. de 2 centímetros por 2). Zanahoria, apio, puerro o calabacín finamente cortados a dados que se utilizan por separado o juntos como guarnición clásica del consomé.

Caldo corto

Caldo bien condimentado, preparado con agua, vinagre, vino blanco, verduras y especias, utilizado para cocer mariscos y pescados.

Caramelizar

Proceso de calentar el azúcar o la sal, hasta que se licua y transforma en almíbar; el color varía del dorado al marrón oscuro. El azúcar también se puede caramelizar espolvoreando sobre los alimentos y poniendo estos debajo del grill hasta que se derrita (como la crema quemada). Este término también se aplica a las cebollas y a los puerros salteados en grasa.

Cernir

Separar con el cedazo la harina del salvado, o cualquier otra materia reducida a polvo, de suerte que lo más grueso quede sobre la tela, y lo sutil caiga al sitio destinado para recogerlo.

Clarificar

Eliminar las impurezas de un líquido. El procedimiento generalmente implica cocer lentamente claras de huevo (y cáscaras) en un caldo; las claras de huevo atraen las impurezas. Este término también se aplica al procedimiento por el cual se calienta lentamente la mantequilla para eliminar los sólidos lácteos.

Clavetear

Incrustar un clavito de olor a un alimento, generalmente a una cebolla.

Cocinar a fuego vivo

El alimento se expone directamente al fuego o está separado de la llama por algo que distribuye el calor de manera uniforme.

Confit

Palabra francesa con la que se define un método de cocción de la carne (generalmente de pato, oca o cerdo), en que esta se cuece muy lentamente en su propia grasa y después se conserva en la misma. Las hortalizas, como las cebollitas pequeñas, también se pueden cocer en la grasa.

Confitar

Bañar o cocer un alimento en almíbar.

Cuajar

Solidificar o coagular un líquido.

Cubrir

Cubrir los alimentos con una capa exterior de, por ejemplo, harina, huevos batidos, pan rallado, mayonesa o glaseado.

Curar

Conservar los alimentos salándolos, ahumándolos, sumergiéndolos en salmueras ácidas o mediante bacterias.

Darne

Rodaja gruesa de un pescado redondo grande, por ejemplo del salmón o del atún.

Duxelles

Salsa para rellenos preparada con hongos, cebolla y hierbas finamente picadas, cocida en mantequilla hasta casi secarse, que sirve para gratinar y como relleno para hojaldres.

Empanar
Pasar los alimentos primero por harina, luego por huevo y finalmente por pan rallado.

Emplatar
Colocar los preparados terminados en la fuente o plato donde se va a servir.

Emulsión
Mezclar líquidos mediante la dispersión de uno en el otro. En cocina, emulsionar significa añadir un líquido a otro en un chorrito lento y continuo mientras se remueve vigorosamente.

Encamisar
Echar en un molde una capa fina de gelatina o cubrirlo con una pasta fina antes de echar el relleno.

Enfondar
En pastelería, cubrir el interior de un molde con una base de pasta. Aderezar con tocino y verduras cortadas una fuente u otro utensilio en que tenga que brasearse carne o verdura.

Enharinar
Cubrir o espolvorear con harina la superficie de algo, manchar de harina.

Escaldar
Sumergir brevemente en agua salada hirviendo verduras o setas para quitarles sabores desagradables o impurezas, o para poder quitar mejor las pieles o cáscaras.

Escalfar
Cocer en un líquido por debajo del punto de ebullición. Cocer alimentos lentamente sumergiéndolos en un líquido sin que este llegue a hervir (agua, almíbar de azúcar, alcohol, etc.) justo antes del punto de ebullición.

Espumar
Durante la cocción lenta de salsas y sopas, quitar continuamente con una espumadera la espuma, grasa u otras impurezas de la superficie de líquidos hasta que queden completamente transparentes.

Estofar
Cocer lentamente en recipiente cerrado una vianda, en compañía de su guarnición, jugo y grasa. En ocasiones puede añadirse vino para facilitar la cocción de viandas duras.

Flambear

Prender un licor, generalmente para conseguir una espectacular presentación en la mesa. También se hace para quemar el contenido de alcohol de un plato.

Glasear

Cubrir los alimentos con un líquido poco denso (dulce o salado) que queda liso y brillante al solidificarse. Se puede hacer con un caldo de carne reducido (áspic), con confitura derretida, yema de huevo o chocolate.

Gratinar

Calentar un plato al horno o bajo el grill a fuego vivo para que tenga una costra marrón por encima.

Hervir

Cuando un líquido produce burbujas por la acción del calor al alcanzar el punto de ebullición, que significa calentar un líquido hasta que empiezan a salir burbujas que rompen la superficie de los 100 °C. Hervir también significa cocer los alimentos en un líquido hirviente.

Juliana

Cortar los alimentos en tiras finas. Se suelen cortar así las hortalizas o trufas que sirven como adorno o acompañamiento, para que cuezan rápida y uniformemente y para proporcionarles una bonita presentación.

Laminar

Cortar finamente un alimento en rodajas o láminas.

Leudar

Fermentar con levadura.

Macerar

Mezclar con condimentos por algún tiempo antes de su preparación definitiva para ablandarlo y comunicarle sabor.

Marinar

Poner los alimentos en un líquido muy aromatizado. Las marinadas aportan sabor, jugosidad y ablandan la preparación.

Marmolado

Se utiliza para describir la mezcla de dos pastas diferentes en un bizcocho, generalmente de diferentes colores. También se denomina así a las líneas de grasa de la carne.

Napar
Cubrir con salsa o gelatina.

Papillote
Método de asar la carne, el pescado o cualquier alimento con manteca y aceite, envolviéndolo en un papel de aluminio, con el fin de cocinarlos en sus propios jugos.

Rectificar
Poner a punto el sazonamiento o color de un preparado.

Reducir
Hervir líquidos tales como fondos, sopas o salsas para conseguir que se concentren y queden espesos. Al hervir rápidamente en un recipiente destapado el líquido se evapora y se obtiene un sabor más concentrado.

Refrescar
Sumergir un alimento, después de haberlo blanqueado, en agua helada para detener la cocción y para que conserve su color.

Rehogar
Guisar en poco líquido, y en los propios jugos de los alimentos.

Remojar
Sumergir ingredientes secos en un líquido caliente para rehidratarlos o para dar sabor al líquido. También empapar un bizcocho con un almíbar de azúcar aromatizado o licor.

Rociar
Mojar con una cuchara o pincel los alimentos durante la cocción con caldo, grasa o su fondo de cocción. Da sabor y los deja más jugosos.

Roux
Mezcla de harina y mantequilla en proporciones iguales y cocida más o menos tiempo a fuego bajo y revolviendo, de acuerdo al color que se desea tenga: blanca, amarillenta o marronacea, de acuerdo a la salsa a la cual servirá de unión o trabazón para darle cuerpo o densidad. Elemento básico en los fondos de salsas.

Royal
Guarnición para sopa a base de huevo, leche, sal y nuez moscada. Se bate y cuece al baño maría. Al cuajar se corta en cubitos que se añaden a la sopa.

Sabayon
Crema líquida de origen italiano, a base de vino o de licor, huevos y azúcar.

Sofreír
Poner a freír en aceite sin que el alimento tome color.

Sudar
Rehogar. Preparación a fuego suave, con poco líquido y tapada.

Tamizar
Pasar a través de un colador fino.

Tornear
Técnica clásica francesa que consiste en recortar hortalizas como zanahorias y nabos, en forma de pequeños barriles.

Bibliografía

Monografías

→ ADRIÀ, F., ADRIÀ, A. y Soler, J.: *Como funciona ElBulli: Las ideas, los métodos y la creatividad de Ferran Adrià*. Londres: Phaidon Press Limited, 2010.

> Este manual permite descubrir el funcinamiento de la cocina y sus espectaculares innovaciones gastronómicas, en él se incluyen recetas y encartes donde se explica la historia de El Bulli, la vida de Ferran Adrià, sus métodos creativos y su filosofía culinaria.

→ BOUDAN, C.: *Geopolítica del gusto: La guerra culinaria*. Gijón: Trea, 2008.

> Este manual propone una mirada del planeta culinario en su dimensión geopolítica, en función de los grandes movimientos políticos, militares y económicos de la humanidad.

→ FERNÁNDEZ, M. C.: *Cocina molecular y fusión*. Madrid: Libsa, 2014.

> Este manual presenta la información práctica necesaria para convertir cada receta en una experiencia casi de laboratorio, encontrarás consejos, trucos e ideas para dar un paso más en la cocina actual.

→ GARCÍA, D.: *Cocinacontradición*. León: Everest, 2010.

> Este libro imprescindible en cualquier biblioteca culinaria hace una recopilación de los platos más vanguardistas, parten de elaboraciones basadas en platos tradicionales de la gastronomía andaluza.

→ GARCÍA, D.: *Técnica y contrastes: Tragabuches*. Barcelona: Montagud Editores S. A., 2004.

> Este libro recoge la etapa de la consolidación de Dani en Tragabuches, con una cocina madura y de fuerte personalidad propia. Especialmente destacan a las recetas, clasificación de estas por contrastes gustativos y la presentación de los desarrollos científicos-gastronómicos más punteros como el uso del nitrógeno líquido.

→ Larousse Editorial: *La cocina Larousse*. Barcelona: Larousse Editorial, 2013.

> Este manual se presenta a modo de diccionario, en él se encontrará todo lo necesario para tener éxito en la cocina, atendiendo a las técnicas, trucos, consejos práctico, información nutricional y una gran variedad de sugerencias para combinar todo tipo de productos.

→ MANS, C.: *Sferificaciones y macarrones: La ciencia en la cocina tradicional y moderna*. Barcelona: Ariel, 2010.

> Este manual permite comparar de forma amena las preparaciones de los grandes cocineros con platos habituales de nuestra cocina para demostrar que la ciencia y las técnicas que emplean ambos son muy parecidas.

→ ROCA Fontané, J.: *Cocina con Joan Roca*. Barcelona: Editorial Planeta, 2014.

> Este manual presenta las técnicas básica de cocina de la mano de Joan Roca, con él aprenderéis a poner en práctica todos los secretos de la cocina.

→ SEGNIT, N.: *La enciclopedia de los sabores: Combinaciones, recetas e ideas para el cocinero creativo*. Barcelona: DEBATE, 2015.

> Este libro no es un libro de cocina convencional, sino una guía para aprender a combinar ingredientes en la cocina y obtener buenos resultados.

→ VV. AA.: *Ideas para la decoración de platos*. Málaga: Susaeta, 2008.

> Este manual habla del arte de la mesa y del buen comer, cómo estos aspectos influyen en las sensaciones percibidas y compartidas a la hora de comer.

→ VV. AA.: *LAROUSSE GASTRONOMIQUE EN ESPAÑOL*. Barcelona: Larousse, 2015.

> En este manual responderá a todo tipo de cuestiones culinarias, tales como productos y su mejor momento de consumo, utensilios, recetas de los más prestigiosos chefs de la cocina internacional, así como fotografías en las que se representan más de 600 platos, instrucciones paso a paso, procedimientos, etc.

Textos electrónicos, bases de datos y programas informáticos

→ Ambigú, Revista digital de gastronomía, ocio y turismo, de: <https://ambigu.net/>

> Revista digital en la que podrás consultar información referida a la gastronomía, el ocio y el turismo, enfocado todo desde una visión personal de su creador. Destacar la guía del hedonista dedica a los más exigentes y también una miscelánea dedicada a temas de interés general tratados en revistas del sector.

→ Club de Gourmets, Revista mensual de gastronomía y turismo, editada por el grupo Gourmets, de: <http://www.gourmets.net/>

Revista decana de la prensa gastronómica de España intenta plasmar la realidad culinaria y enológica del país. En ella se presenta un intercambio de opiniones sobre el panorama culinario.

→ Gastronomía&Cía, Portal web enfocado a la gastronomía, de: <https://gastronomiaycia.republica.com/>

Portal web en el que se publicarán recetas, noticias, curiosidades, trucos, etc., relacionadas con la cocina.